I0759593

Date hoy
lo que no
tuviste ayer

NICOLE JOHNSON

Date hoy lo que no tuviste ayer

Sana las heridas de tu infancia y vive en paz

Prólogo de **Lindsay C. Gibson**

Traducción de **Pilar López Riquelme**

BRUGUERA

Papel certificado por el Forest Stewardship Council®

Título original: *Reparenting Your Inner Child. Healing Unresolved Childhood Trauma and Reclaiming Wholeness through Self-Compassion*

Primera edición: septiembre de 2025

Edición publicada por acuerdo con New Harbinger Publications, un sello de New Harbinger Publications, Inc., a través de International Editors & Yáñez, Co., S. L.

Printed in Spain — Impreso en España

ISBN: 978-84-02-43075-5
Depósito legal: B-12.131-2025

Compuesto por Juan Carlos Bermudo
Impreso en Black Print CPI Ibérica, S. L.
Sant Andreu de la Barca (Barcelona)

BG 30755

A mi hijo:

Educarte me enseñó a reeducarme. Amarte sirvió para que cicatrizase mi corazón herido. Iluminaste mi camino con tu luz. Tu llegada al mundo me inspiró para crecer y redescubrir la felicidad a través de tu presencia. Que este libro guíe a otros a través del proceso de curación y desarrollo de su niño interior del mismo modo que yo lo he logrado gracias ti. Espero que estas páginas aporten la misma oportunidad de sanación y de liberación que me ha brindado a mí el hecho de ser tu madre.

Doy las gracias cada día porque existes.

Con todo mi amor,

MAMÁ

ÍNDICE

TERCERA PARTE
Reeducar

CUARTA PARTE
Crecer

PRÓLOGO

Alguien dijo que nunca es tarde para tener una infancia feliz, pero tampoco lo es para concedernos la crianza positiva y enriquecedora que siempre hemos necesitado. Y es así porque, a pesar de las adversidades tempranas que originaron esos niños interiores heridos en nosotros, la mayoría acabamos convirtiéndonos en adultos afectuosos y empáticos. En la edad adulta, brindamos este cariño de forma natural a otras personas y a nuestros hijos, pero quizá no somos conscientes de que también podemos procurárnoslo a nosotros mismos. Creemos que el amor reparador solo es efectivo cuando proviene de otros. Tal vez sea así en la primera infancia, pero no en la edad adulta. El amor es amor y sana, sin importar de dónde venga. Sorprendentemente, parte de la sanación más esencial que precisamos solo puede emanar de nuestro yo adulto. En este maravilloso libro, Nicole Johnson te enseñará a activar y a creer en tus propias energías curativas para que puedas darte lo que te falta y recobrar la plenitud.

Todos llevamos dentro esas energías autosanadoras, y seguro que recuerdas momentos en los que recurriste a ellas y hallaste alivio y un nuevo rumbo. Pero, por lo general, encontramos el camino a la autocuración por casualidad: nos llega una revelación oportuna o una inspiración. Nicole te enseñará que, identificando y reeducando aquellas partes de nosotros que se han quedado atrapadas en los traumas y frustraciones del pasado, podemos acceder de manera deliberada a esta reconducción vital. Tu alegría de vivir tal vez se haya quedado anclada en ese niño interior herido y necesita que la liberes.

Si dudas de la existencia de los niños interiores, puedo asegurarte, después de ejercer más de treinta años como psicoterapeuta, que son completamente reales y que su dolor condiciona nuestra vida. A tu niño interior no le importa si ocurrió hace décadas o es reciente. Solo quiere que lo miren y le hagan caso. Tu niño interior espera expectante que lo tomes en serio y que lo apoyes ante cualquier miedo o necesidad no atendida. Reconoce al adulto que eres como un amigo fiel y confiará en ti si lo tratas como un ser real y digno de ser escuchado.

A mí me parece un milagro que la mente humana sepa interactuar consigo misma para curar traumas y necesidades ignoradas. Por emplear una metáfora médica en sentido psicológico, somos capaces de reconducirnos y de lograr cambios transformadores. Tenemos un motor de crecimiento que nunca deja de buscar la plenitud, aunque lleve años frenado. Siempre estamos dispuestos a responder cuando alguien nos propone un modo de acabar con nuestro sufrimiento. Pero no hace falta que esperemos a ese encuentro ideal con otra persona; podemos reconectarnos con estas fuerzas positivas reeducando a nuestro niño interior herido. Nicole te enseñará cómo hacerlo paso a paso. Si sigues sus directrices y tomas completamente en serio a tu niño interior, tendrás una nueva oportunidad siempre que quieras. Ahora, como adulto, puedes hablarte y tratarte con el amor legítimo que tanto echaste de menos en la niñez.

El trabajo de partes se ha popularizado en los últimos años en terapia gracias a Richard Schwartz, pero los seres humanos siempre hemos hablado con nosotros mismos y nos hemos consolado en ausencia de apoyo externo. Quizá siempre hemos percibido la necesidad de atención de nuestro niño interior herido. El diálogo interno y la autoconfianza nos hacen sentir mejor y con algo más de control. Por ejemplo, al leer este libro, me di cuenta de que llevo años aplicando de manera instintiva las técnicas de Nicole. Como muchos niños, hablaba conmigo misma en los momentos delicados, cuando sentía que nadie me entendería. En la edad adulta, años después de la muerte de mi padre, mantuve una conversación tremendamente sanadora con él mientras lo imaginaba charlando conmigo en el sofá. En otra ocasión, percibí con gran nitidez la ansiedad de mi niña interior y comprendí que debía cambiar de médico y buscar una ayuda más adecuada. Estas experiencias fueron igual de reales y útiles que cualquier conversación que haya tenido con otras personas. La energía vital para la acción constructiva se libera cuando tratamos estas partes de nosotros como merecedoras de establecer comunicación con ellas.

Con la dulzura y la amabilidad que la caracterizan, Nicole te enseñará a confiar en ti, a comunicarte contigo mismo, y a convencer a tu niño interior de que siempre lo hizo lo mejor que pudo. Su estilo a la hora de escribir deja entrever un alma extraordinariamente humana, que te acompañará y te ayudará a liberar los bloqueos que te están haciendo sufrir. Es una de esas personas excepcionales, altruista y terapeuta innata, y me alegro mucho de que estés a un paso de aprovechar lo que con toda seguridad ofrece a los pacientes que acuden cada día a sus sesiones de psicoterapia y asesoramiento.

En este eficaz manual no hay relleno ni paja; solo la información y la empatía que necesitas. Te ayudará a tomar las riendas de tu proceso de sanación. Serás tú quien decida cuál es tu trauma porque solo tú sabes cómo te afectó. Nicole se expresa de una forma tan comprensiva y alentadora que sentirás la seguridad de estar en buenas manos mientras avanzas con facilidad de una idea a otra. Solo después, al mirar atrás, te darás cuenta de lo cuidada y elaborada que está su prosa y de cómo su amplio conocimiento te hace confiar en lo que dice.

También sentirás la confianza plena que tiene Nicole en sus lectores y en su capacidad de autosanación. Se nota que ha aplicado con frecuencia estos métodos en la vida real y que conoce su efectividad. Explica con claridad cómo hacer los ejercicios y después hace una pausa para dejar que experimentes su efecto sanador. Plantea las estrategias sabiendo que obtendrás excelentes resultados si las pones en práctica. Por experiencia propia te diré que no podría estar más de acuerdo.

Lindsay C. Gibson

INTRODUCCIÓN

El campo de la salud mental está inundado de debates sobre la reeducación y el tratamiento del niño interior. Sin embargo, al preguntar qué es y cómo llevarlo a cabo, las respuestas varían significativamente según de quien vengan, lo cual no es un problema, ya que son muchos los caminos que conducen a la plenitud. No obstante, cuando inicié mi propio proceso de recrianza, así como mi inmersión profesional en el proyecto de trabajar con nuestro niño interior, surgieron dos cuestiones recurrentes. En primer lugar, el concepto de «niño interior» parecía matizado y confuso. Y, en segundo lugar, la idea de «reparentarse a uno mismo» resultaba extraña e incómoda. Cuando hablaba con otras personas sobre su experiencia con la sanación de su niño interior, muchas comentaban que les costaba aplicar en su vida diaria lo que habían aprendido. Y casi todo lo que leía sobre el tema aconsejaba, o incluso precisaba, acudir a un profesional. Reeducar a tu niño interior puede conducir a una sanación, un crecimiento y un cambio tan significativos que no quise que nadie se perdiera la oportunidad de experimentarlo por culpa de estos inconvenientes.

Empecé a recopilar datos, a formular preguntas y a probar tácticas para ver qué funcionaba y qué no. Quería crear un método comprensible, práctico y aplicable para todo aquel que buscara curar las heridas de la niñez y aliviar sus síntomas actuales. Quería abordar el enrevesado concepto de trabajar con nuestro niño interior y explicarlo de forma clara, además de conseguir que la gente se sintiera cómoda a la hora de profundizar en el tema. También quería normalizar y fragmentar este proceso, incómodo y delicado, y empoderar a las personas para que confiaran en sí mismas y probaran lo que les hiciera sentir bien. Por último, siempre recomendaré que quienes lo necesiten o lo prefieran acudan a un profesional, pero también entiendo que no todo el mundo tiene acceso o no puede costear este tipo de ayuda. Por eso quería ofrecer una guía práctica y sencilla que permita a las personas recorrer su propio camino a la sanación sin tener que depender en exclusiva de la ayuda profesional.

Después de años presenciando el resultado del proceso de reeducación en mis pacientes, sentí el deseo imperioso de difundir el mensaje para que más personas pudieran experimentar la transformación de la que yo era testigo. Se transformaban ante mis ojos de forma casi mágica. Advertían una disminución o una desaparición total de sus síntomas. Reforzaban su confianza. Ponían límites. Mejoraban sus relaciones. Surgían las oportunidades. Personas que habían sido víctimas de abusos, antes bloqueadas y abatidas, ahora avanzaban con valentía hacia su futuro, con la frente alta, victoriosas. ¿Cómo no iba a compartir lo que estaba viviendo? Empecé a enseñar el concepto de reeducación del niño interior en grupos, en conferencias, en redes sociales y en mis talleres sobre el trauma. Vi cómo personas a mi alrededor comenzaban a florecer en una versión mejorada y más sana de sí mismas. A medida que el concepto se extendía, crecía el número de gente que buscaba respuestas. Y así surgió la oportunidad extraordinaria de escribir este libro.

No comparto la idea de restringir el acceso a la información, y me opongo rotundamente a que se me vea como la respuesta; soy un ser humano más en proceso de autosanación. Deseo compartir lo que he aprendido, presenciado y experimentado, pero solo soy una persona que orienta a otras hacia una respuesta, hacia una solución. Una solución asequible, realista y alcanzable por uno mismo. Este libro pretende ser una guía en tu camino hacia la sanación. Una piedra angular en la historia de tu vida. Pero tú eres el héroe de esta historia. Tú eres quien hace el trabajo, quien se enfrenta a sus miedos y sana sus heridas. Estaré contigo en cada paso del camino para animarte y recordarte que no estás solo, pero no olvides que tú eres la respuesta. Tú eres la solución. Espero que con la información de este libro experimentes la misma sensación de plenitud, de crecimiento y de cambio que he presenciado en tantas otras personas. Porque te lo mereces. Mereces sanación, liberación, alivio y esperanza. Mereces recibir todo el amor, el apoyo y la protección que quizá no tuviste en la niñez. Mereces tener una persona de confianza que te ame incondicionalmente. Y esa persona eres tú.

PRIMERA PARTE

Donde todo empezó

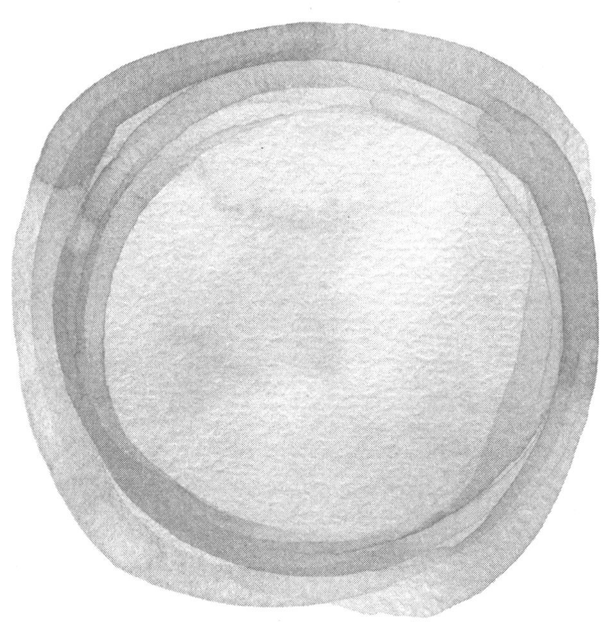

1

EL INICIO: REEDUCAR A TU NIÑO INTERIOR

El camino a la sanación se asemeja mucho a respirar. Exhalaciones largas y lentas. Inhalaciones profundas y completas. Exhala. Inhala. Exhala. Inhala. Exhala el dolor, la herida, la rabia, la tristeza, la pena y el sufrimiento. Inhala luz, amor, paz, conexión, curación y felicidad. Hay un flujo rítmico, natural e inherente al proceso, al que parecemos estar conectados como un acto reflejo y del que a menudo no somos conscientes. De pequeños participamos intuitivamente en este proceso. Cuando alguien nos quitaba nuestro juguete, llorábamos y protestábamos sin reservas y exhalábamos toda nuestra frustración y rabia. Luego corríamos a los brazos de nuestro cuidador e inhalábamos consuelo, seguridad, validación y amor. Bueno, en el mejor de los casos. Más tarde, en algún punto del camino, dejamos de participar de forma activa en este proceso. Algo interrumpe la circulación de aire —un derechazo inesperado que salió de la nada y nos dejó sin aliento— y dejamos de respirar. Cuando experimentamos un trauma infantil —esos momentos de la vida que nos afectan tanto y que nos alteran la mente, el cuerpo y el alma—, ese proceso natural y sanador de flujo y reflujo se interrumpe. Nos quedamos atrapados en ese instante, congelados en el tiempo. Conteniendo el aliento, incapaces de respirar. Sin un ejemplo de qué hacer ni orientación para gestionar lo que hemos experimentado, permanecemos estancados, paralizados. Una parte de nosotros se queda a la deriva en ese momento, evocándolo una y otra vez. Puede parecer que no hay escapatoria y que estamos condenados a revivir las experiencias dolorosas del pasado. Pero, como todos sabemos, la vida sigue su curso. Así que nos desprendemos de ese recuerdo, a menudo sin darnos cuenta, y nos fracturamos emocionalmente. A efectos de supervivencia, dejamos una parte de nuestro yo infantil en ese instante, congelada en el tiempo, e intentamos seguir adelante. Entonces, se produce otra situación que nos vuelve a cortar el circuito de aire y nos fracturamos de nuevo, dejando atrás otra parte de nosotros, congelada y sin aliento. Esos son nuestros niños internos heridos, y el proceso continúa hasta que un día nos despertamos y sentimos que ya ni siquiera reconocemos a la persona del espejo. Nos preguntamos: «¿Qué me ha pasado?, ¿qué ha sido de mí?». Poco a poco y sin darnos cuenta, nos hemos asfixiado. Vamos sofocando la fuerza vital que hay en nosotros y que opera desde ese lugar de flujo y reflujo, hasta que un día, literalmente, no podemos respirar.

Quizá estés viviendo en modo automático, o quizá sientas que eres la sombra de quien eras. Si ese sentimiento te resulta familiar, me alegro de que este libro haya llegado a tus manos. Cuando hemos vivido traumas infantiles que recordamos y reconocemos como significativos, a menudo nos cuesta relacionar los puntos de cómo esas experiencias nos siguen afectando en el presente. Otras veces nos desligamos de los traumas infantiles de forma tan radical que no los recordamos o incluso negamos que sucedieron. Esta respuesta intrínseca de autodefensa puede hacer que ni siquiera sepamos qué puntos buscamos. Sea lo que sea que experimentaste y cómo lo hayas afrontado, *Date hoy lo que no tuviste ayer* te guiará para encontrar y unir esos puntos y enseñarte a descubrir a tu niño o niños internos heridos, y a reeducarlos para que recuperen su plenitud. Cribaremos juntos el barrizal de tu infancia hasta dar con cada uno de ellos. Encontraremos la parte de tu yo infantil atrapada en ese recuerdo, que sigue congelada en el tiempo, y empezaremos a trabajar para sanarla y liberarla. Este libro te indicará cómo exhalar, soltar y dejar ir el dolor al que tu yo infantil lleva aferrado tanto tiempo. Aprenderás a ser el entorno seguro donde tu niño interior herido pueda encontrar refugio, apoyo y recrianza. Y esas partes fragmentadas se integrarán de nuevo hasta completarte, encajando como las piezas de un puzle. Con el tiempo, la imagen de quien siempre debiste ser tomará forma y el flujo natural del proceso de sanación volverá a instaurarse en tu vida diaria. Este proceso se acelera con el trabajo activo.

Entonces ¿qué es un «niño interior»? ¿De dónde sale la noción de reparentar? El concepto se remonta a finales del siglo XIX de la mano de Carl Jung. Conocido como uno de los padres de la psicología y fundador de la psicología analítica, Jung desarrolló la noción del arquetipo del niño divino en su trabajo con Karl Kerényi titulado *Introducción a la esencia de la mitología: el mito del niño divino y los misterios eleusinos* (1951). Jung propuso que los hitos de la «individualización» —el proceso de desarrollo individual desde el inconsciente— provienen de nuestra personalidad innata, de los componentes de nuestra psique y, sobre todo, de las experiencias que tenemos en la vida. A partir de ahí el concepto de niño interior empezó a evolucionar y surgió una terminología diferente. En su libro *The Wonder Child* (1960), Emmet

Fox explora el concepto de un niño interior que se desarrolla en respuesta a las experiencias vitales desde una perspectiva religiosa. El trabajo realizado por Arthur Janov en *The Feeling Child* (1975) introdujo la noción de que todos tenemos un yo auténtico y esencial que es el responsable de la expresión sin filtros de las emociones crudas. Estas emociones, a menudo, se reprimen desde la infancia y necesitan exteriorizarse para sanar. Posteriormente, en la década de 1980, Richard Schwartz introdujo el hoy en día muy popular sistema de familias internas (IFS, por sus siglas en inglés). Schwartz acuñó el término «exiliados» para describir a los niños interiores perdidos, olvidados y heridos que llevamos dentro y que albergan las emociones, los pensamientos, el enfoque, el dolor y los recuerdos de nuestros traumas del pasado (2023). Estos son solo algunos ejemplos que reflejan nuestro deseo colectivo de explorar y comprender el concepto de niño interior con el propósito de sanar y crecer. A lo largo de las últimas décadas, todas las escuelas de pensamiento han contribuido a su desarrollo.

Las diversas teorías adoptaron nombres diferentes para describir el concepto de niño interior y perspectivas distintas según su origen, función y propósito, así como opiniones variadas sobre cómo sanar o interactuar con esta parte de nosotros. Sin embargo, todas ellas parecían tener algo en común: partían de la premisa de que lo que nos sucede en la infancia afecta a quienes somos hoy. Con esa concepción preliminar, comenzaron a aflorar metodologías destinadas a sanar a nuestro niño interior y a tratar las experiencias de la infancia. En 1976, Lucia Capacchione desarrolló este método y lo describió en su libro *Recovery Of Your Inner Child*. Mediante una forma de arteterapia en la que el paciente dibujaba o escribía con la mano no dominante, Capacchione ayudaba a las personas a encontrar, a acceder y a interactuar con su niño interior para sanarlo. Fue una de las primeras en introducir la idea de trabajar en el desarrollo de un progenitor protector y positivo dentro de nosotros, a la vez que aprendemos a lidiar con un progenitor crítico interno, para poder realizar el «trabajo familiar interno» necesario para cuidar y satisfacer las necesidades de nuestro niño interior (Capacchione, 1991). Poco después, el trabajo de Charles Whitfield, *Sanar nuestro niño interior*, propuso una forma revolucionaria de analizar cómo puede cambiarnos un trauma infantil y qué debemos hacer para sanarlo. Con más de treinta años de experiencia en el campo de la psicología, las adicciones y la recuperación, Whitfield presentó un enfoque claro y eficaz para conseguir la recuperación mediante la sanación del trauma infantil y la liberación de nuestro «falso yo» para abrazar nuestro «verdadero yo» (Whitfield, 2006). Estos son solo algunos ejemplos de personas que se han dedicado a investigar para ayudarnos a tratar y sanar las complejidades de nuestra infancia.

El trabajo con el niño interior y la terapia de reeducación son como dos caras de la misma moneda. Llama claramente la atención que sus caminos no se crucen tan a menudo como cabría esperar, a pesar de que atraviesan siempre el mismo bosque de heridas. La reeducación es un concepto que surge del análisis transaccional (AT). El AT supone que todos tenemos tres estados del yo —el padre, el adulto y el niño— y señala que debemos escuchar e interpretar nuestro lenguaje para comprender mejor desde qué estado del yo operamos, además de trabajar para acercarnos tanto como sea posible al estado del yo adulto (Berne, 1989).

En la década de 1960, Jacqui Lee Schiff se basó en los conceptos del análisis transaccional e introdujo la noción de reparentar de forma muy literal. Los pacientes institucionalizados —en particular aquellos diagnosticados con esquizofrenia o trastorno bipolar y que habían sufrido traumas infantiles significativos como el abuso severo, la negligencia extrema o el abandono total— pasaron años trabajando con los mismos terapeutas, revivieron su infancia regresando a estados infantiles y recibieron reeducación por parte de estos. La aplicación de esta terapia implicaba una regresión total de los pacientes e incluía experiencias como alimentarlos con biberón, tomarlos en brazos, mecerlos como bebés y jugar con juguetes (Schiff y Romulo, 1970). Los métodos de Schiff eran controvertidos: ayudaron a algunos y perjudicaron a muchos; la mayoría de los facultativos los reprobaron, lo que generó escepticismo, confusión y rechazo al concepto de recrianza durante bastante tiempo.

La reparentación es una forma de terapia que, en gran medida, ha requerido que el terapeuta asuma un rol parental con el paciente. Como es de suponer, esto resultaba problemático a varios niveles. Los límites profesionales se desdibujaban, se desarrollaba codependencia con facilidad y la transferencia se volvía perjudicial. En 1974, Muriel James fue la primera persona en introducir el concepto de autorreparentación y cambió el enfoque, pasando de estar dominado por el terapeuta a estar dirigido por el paciente (James, 1985). Este método demostró ser más seguro y eficaz que las propuestas originales. Desde entonces, se han desarrollado diversos enfoques de recrianza, aunque muchos siguen haciendo hincapié en las intervenciones guiadas por el terapeuta como parte de la terapia, así como en un enfoque en la autorreparentación en el aquí y ahora. Y es en este punto donde este libro marca la diferencia. *Date hoy lo que no tuviste ayer* se ha pensado, escrito y diseñado para que seas tú quien tome las riendas de tu propio proceso de sanación, y te proporciona las herramientas, el conocimiento y la experiencia para autorreeducarte en el momento presente —a ti y a esos niños internos heridos tuyos que se han quedado atrapados en los traumas del pasado—.

A medida que el trabajo con el niño interior y los métodos de recrianza fueron evolucionando, también lo hizo nuestro conocimiento del trauma infantil. Con cada nueva teoría, estudio y método presentado, los investigadores fueron entendiendo cada vez mejor el tremendo impacto de las experiencias infantiles en el desarrollo y de qué forma los conflictos y síntomas actuales pueden tener su causa en los traumas olvidados de nuestra infancia. Hoy en día es bastante común encontrar terapeutas que acompañan a sus pacientes en el proceso de desentrañar su infancia para que puedan reconciliarse con lo sucedido en el pasado y recuperarse en el presente. Existen lo que yo llamo «los tres grandes» tratamientos que lideran esta iniciativa: el sistema de familias internas (IFS), la desensibilización y reprocesamiento por movimientos oculares (DRMO) y la terapia cognitivo-conductual centrada en el trauma (TCC-CT). Podemos aprender mucho de sus décadas de investigación, metodología y resultados. Encontrarás similitudes entre «los tres grandes» y el enfoque presentado en *Date hoy lo que no tuviste ayer*. A lo largo de este libro nos inspiraremos en su sabiduría mientras emprendemos juntos este viaje de sanación.

El sistema de familias internas (IFS)

Aunque la terapia de IFS existe desde la década de 1980, parece haber cobrado relevancia en los últimos años. Se ha comprobado su utilidad en el tratamiento del trastorno de estrés postraumático (TEPT) y en trastornos depresivos mayores; algunos estudios han demostrado que el IFS es más eficaz que los antidepresivos (Anderson, 2021). Partiendo del concepto de que una persona se compone de múltiples partes (una especie de familia interna), el IFS guía a las personas para que tomen conciencia y establezcan relaciones con cada una de estas partes. Para aportar armonía y equilibrio a nuestros sistemas familiares y sanar nuestras partes sobrecargadas e hiperactivas, el IFS nos empodera para que vivamos acorde a nuestro yo central (Schwartz, 2020). Gracias al IFS, numerosos pacientes han ahondado en su interior para identificar y conectar con sus partes heridas, las más jóvenes, «los exiliados». De manera similar, *Date hoy lo que no tuviste ayer* ayuda a las personas a identificar y a entablar relación con sus niños internos heridos para que puedan sanarlos con éxito y alcanzar la plenitud. Esto permite que nuestro yo más auténtico resurja y que los síntomas relacionados con el trauma infantil se disipen.

La desensibilización y reprocesamiento por movimientos oculares (DRMO)

La DRMO es otro tipo de terapia muy solicitada, recomendada para veteranos de guerra y para el tratamiento del TEPT. La instauró Francine Shapiro en 1987 casi por accidente. Un día, mientras paseaba por un parque, la asaltaron pensamientos y sentimientos perturbadores. Al recorrer el entorno con la mirada, notó que esas sensaciones desagradables desaparecían (Van der Kolk, 2015). En resumidas cuentas, cuarenta años después, la DRMO se usa en todo el mundo para ayudar a las personas a procesar experiencias dolorosas mediante el uso de movimientos oculares guiados (similares a los que hacemos mientras dormimos) para disminuir o incluso eliminar los síntomas. Al igual que la DRMO, las estrategias descritas en *Date hoy lo que no tuviste ayer* te ayudarán a superar los traumas de la infancia para que puedas liberarte del poder que ejercen sobre ti.

La terapia cognitivo-conductual centrada en el trauma (TCC-CT)

La TCC-CT es una terapia consolidada con base empírica destinada principalmente a niños y a padres de niños que han experimentado algún trauma. Este tratamiento ayuda a las personas y a sus familias a superar recuerdos dolorosos y abrumadores, así como creencias distorsionadas. Se enfoca en el procesamiento y la integración plena del trauma para poner fin a los síntomas asociados (Brown *et al.*, 2020). La Red Nacional para el Estrés Traumático Infantil la considera una terapia de referencia. Su énfasis en la seguridad, en la terapia de exposición gradual y en la consolidación del suceso traumático ayuda a los pacientes a detener de inmediato los síntomas negativos. Asimismo, el enfoque de *Date hoy lo que no tuviste ayer* es ser una guía para identificar creencias distorsionadas, necesidades insatisfechas y heridas abiertas de la infancia para que su efecto persistente deje de repercutir en tu vida.

Estas efectivas terapias están ayudando a las personas a sanar de formas que jamás se habían visto. Las tres parten de la aceptación de que las experiencias de nuestra infancia importan. Lo mismo aplica a este libro. *Date hoy lo que no tuviste ayer* presenta un enfoque único para sanar el trauma y el abuso infantil de un modo que combina conceptos basados en la evidencia con diversas herramientas de autocuración para que puedas reeducarte a tu propio ritmo. Los conceptos de este libro te guiarán para ayudarte a descubrir a tus niños internos heridos y te aportarán las destrezas necesarias para ser el padre o la madre que siempre has necesitado. Las historias de experiencias de pacientes te servirán de orientación y de validación a medida que aprendes a aplicar los métodos de recrianza que se explican en estas páginas. Juntos celebraremos la excepcional sanación y el enriquecimiento que conlleva reeducar a tu niño interior.

Conclusiones

- Comprender el alcance del impacto de las experiencias de nuestra niñez es crucial para la sanación.
- El trabajo con el niño interior y la terapia de reparentación existen desde hace décadas, pero nunca se habían fusionado ambos conceptos como en este libro.
- *Date hoy lo que no tuviste ayer* te proporciona el conocimiento, las herramientas y el apoyo necesarios para sanar a tu niño interior o tus niños interiores a tu propio ritmo.

Preguntas para reflexionar

- ¿Has probado algún método de sanación de las heridas de la infancia? De ser así, ¿qué te ha funcionado y qué no?
- ¿Tienes preguntas sobre la reparentación y tus niños internos heridos? Anótalas para responderlas a medida que avanzas y aprendes.
- Cuando piensas en el concepto de reeducar a tu niño interior, ¿qué sientes?

2

EL TRAUMA: REDEFINIR LO SUCEDIDO

Cuando oyes la palabra «trauma», ¿qué te viene a la mente? Si eres como la mayoría de las personas con las que he trabajado, lo más probable es que te pongas en los peores escenarios: guerras, agresiones sexuales, catástrofes. La tendencia a reservar este término para experiencias que consideramos una atrocidad terrible es uno de los principales obstáculos que encontramos en medio de nuestro camino de sanación. Esto ocurre sobre todo en el caso de los traumas infantiles. Dedica un instante a pensar qué te sugieren las palabras «trauma infantil». ¿Crees que el trauma solo incluye experiencias dignas de una pesadilla? Si es así, no eres el único; esa es la perspectiva habitual. Por otro lado, las definiciones limitantes y las interpretaciones restrictivas sobre «qué cuenta» como trauma hacen que muchos desestimemos las experiencias adversas de la infancia que nos siguen afectando de manera dolorosa o compleja hoy en día.

Si eres una de esas personas que ha reconocido, trabajado y sanado con valentía sus traumas, sentir la seguridad suficiente como para hablar de tu experiencia suele marcar un antes y un después en el camino de sanación. Sin embargo, suele ocurrir que las víctimas que intentan ayudar a otros contándoles su vivencia se dan de bruces con los guardianes de la palabra «trauma»: individuos que les dicen a los supervivientes de un trauma que lo que experimentaron en realidad no fue un trauma y que, por tanto, no estaban traumatizados. Si te ha pasado, te entiendo, y siento mucho que te haya sucedido. No merecías una respuesta así. Tus experiencias y cómo te afectaron son reales y válidas. Por desgracia, estos guardianes se sienten con derecho a hacer una acusación tan osada porque la experiencia del superviviente de un trauma no encaja en la definición estricta de trauma a la que se atienen. No obstante, lo más curioso es que las principales escuelas de pensamiento, las organizaciones de salud mental y los profesionales del área tampoco parecen ponerse de acuerdo sobre la definición de trauma.

En mi curso de psicoeducación sobre el trauma y el abuso, «Get a G.R.I.P.», comparto con los miembros del grupo las diversas definiciones de trauma y cómo estas pueden dificultar nuestra capacidad para identificar los traumas en nuestra vida. Analicemos algunas de ellas. Presta especial atención no solo a lo que se dice, sino también a lo que no se dice:

> «Cualquier experiencia perturbadora que provoque miedo significativo, impotencia, disociación, confusión u otros sentimientos disruptivos lo suficientemente intensos como para tener un efecto negativo duradero en la

actitud, el comportamiento y otros aspectos del funcionamiento de la persona. Los sucesos traumáticos incluyen aquellos causados por el comportamiento humano (por ejemplo, violación, guerra, accidentes laborales), así como por la naturaleza (por ejemplo, terremotos)». ***Diccionario de psicología de la APA***, *s. v.* «trauma»

«Un suceso, una serie de sucesos o un conjunto de circunstancias que experimenta una persona considerados física o emocionalmente perjudiciales o potencialmente mortales, y que tiene efectos adversos duraderos en su funcionamiento y bienestar mental, físico, social, emocional o espiritual». **Administración de Servicios de Salud Mental y Consumo de Sustancias,** *s. v.* «trauma»

A pesar de que nuestras definiciones de trauma han mejorado con los años, aún se centran en la amenaza a la vida, los daños corporales o un suceso específico y terrible. Si bien todas estas situaciones pueden ser motivo de trauma, no son las únicas que lo causan. Estas limitaciones resultan un problema para los millones de personas que sufren síntomas relacionados con el trauma debido a experiencias que no se reconocen como tal. ¿Cómo podemos sanar algo que ni siquiera sabemos clasificar como es debido?

Para colmo, muchas personas que buscan ayuda profesional para aliviar su sufrimiento acaban sintiéndose aún más denigradas y confundidas. Esto se debe a que los criterios que utilizan los profesionales para diagnosticar los trastornos de salud mental son los indicados en el *Manual diagnóstico y estadístico de los trastornos mentales* (DSM-5-TR). Si bien el DSM-5-TR no define qué es el trauma, sí que establece los criterios que deben cumplirse para que a alguien se le diagnostique un trastorno relacionado con el trauma, y estos pueden ser increíblemente específicos. Por ejemplo, para cumplir los requisitos de diagnóstico de un trastorno de estrés postraumático (TEPT), la primera casilla del formulario indica que se debe haber estado expuesto a «muerte, amenaza de muerte, daño grave real o amenaza del mismo, o violencia sexual real o amenaza de la misma» (First, 2022). Esta limitación de entrada tan extrema a las experiencias que se consideran motivo de TEPT ocasiona que numerosas personas queden excluidas desde el primer momento. Esta desacreditación puede resultar invalidante y retraumatizante para quienes buscan ayuda. Las víctimas de experiencias traumáticas, especialmente en la infancia, tienden a enfrentarse al rechazo o a la desestimación de los demás y a la minimización por parte del propio cerebro. Este efecto dominó en el diagnóstico es un problema grave que la reeducación de tu niño interior intenta resolver, ofreciéndote una definición más inclusiva del trauma y el poder de decidir por ti mismo qué experiencias, situaciones o circunstancias han sido traumáticas en tu vida. Solo tú deberías ser quien lo decida y, en última instancia, solo tú tienes el poder de reivindicarlo. Ignorar a los que te critican y validar tu propio dolor afirmando: «¡Para mí sí que fue traumático!» puede resultar muy reconfortante.

Si te cuesta entender por qué persisten los síntomas y por qué sigues sufriendo, te animo a que analices conmigo tu opinión sobre el trauma. Si yo te preguntara: «¿Tienes antecedentes de trauma?», ¿tú qué dirías? Si tu respuesta fuera: «No», ¿a qué se debería? ¿Es porque no viviste una situación extrema como un abuso físico o sexual? Esos no son los únicos traumas que existen. Y, si te dijera que tus síntomas generalizados y molestos, como la preocupación constante, la facilidad para sobresaltarte, la ansiedad crónica y la hiperindependencia podrían estar relacionadas con el TEPT, ¿cómo responderías? ¿Lo negarías, descartando la idea porque nunca has vivido un conflicto bélico o un desastre natural? Los síntomas relacionados con el estrés postraumático no son exclusivos de los héroes de guerra y de los supervivientes de catástrofes. Demasiadas personas sufren en silencio y confundidas porque viven con síntomas relacionados con el trauma sin ser conscientes. ¿Alguna vez has dicho: «Claro que tuve problemas en la infancia y con mis padres, pero tenía una casa, ropa y comida»? Si bien estos tres aspectos son vitales para nuestra supervivencia, no te eximen ni te protegen de experimentar traumas infantiles.

La historia de Anna

Anna es una mujer de cuarenta años felizmente casada desde hace casi veinte años y con dos hijos gemelos que son su mundo. Tiene éxito profesional, y ha ascendido en la empresa en un sector dominado por hombres, donde se ha consolidado como directora de alto nivel. Tiene buena relación con su familia, una vida social decente, es muy querida, hermosa por dentro y por fuera, educada, elocuente y divertida. Cuando acudió a mí hace varios años, ya tomaba medicación para la ansiedad que la paralizaba, y quería aprender a «gestionar mejor la vida». Había probado varios terapeutas, y todos se habían centrado principalmente en tratar su ansiedad mediante métodos y fichas de terapia cognitivo-conductual. Sintió una leve mejoría, pero fue pasajera. Los formularios de admisión descartaban todo tipo de trauma y abuso (según los criterios antes mencionados). A pesar de que Anna sufría una gran ansiedad en el trabajo y problemas de salud física debido a su estilo de vida incesante y acelerado, resultaba llamativo que Anna solo hablara de su padre en las sesiones.

Su padre era un hombre trabajador, un exitoso y respetado comercial de una empresa internacional, y durante un tiempo fue un alcohólico encubierto. Se había descontrolado en el consumo de alcohol, como suele ocurrir en estos casos, y unos meses antes del treinta y siete cumpleaños de Anna lo sancionaron por conducir ebrio cuando regresaba a casa después de una celebración navideña. El mundo de Anna se puso patas arriba. Siempre había admirado, respetado y «defendido» a su padre, según lo expresó ella misma. «¿Defenderlo de quién?», pregunté un día. Anna se quedó perpleja y reflexionó antes de contestar. «Supongo que de mi madre», respondió. «¿Tuviste que defender a tu padre ante tu madre porque bebía?», quise aclarar. «No —afirmó ella—, he tenido que defender a mi padre toda la vida, por todo y de todo… ante mi madre».

Anna siguió contando que, de niña, su madre —controladora, crítica y, por lo general, fría— siempre estaba criticando a su padre y hacía que Anna se sintiera no deseada e incluso poco querida, a pesar de que la mujer nunca le dijo esas palabras directamente.

Anna y su padre, en cambio, siempre estuvieron muy unidos. Él la adoraba y a ella le encantaba pasar tiempo con él. Aunque, al parecer, este era limitado. Su padre viajaba cada semana por trabajo y la pequeña Anna permanecía en casa con su madre. Un día, cuando Anna tenía unos diez años, su padre le dijo que iba a abandonar a su madre —y, por tanto, a ella—. Alegó que no soportaba más sus «formas». Y entonces se fue, y ella se quedó sola. Anna contó la historia seria e impasible. Cuando le pregunté cómo le afectó de niña que su padre la dejara, respondió que simplemente «entendía por qué lo hizo». Me dijo que ella también se habría ido, pero que no podía porque era pequeña.

Unas sesiones después, Anna vino presa del pánico. Tenía en breve una reunión con algunos altos mandos de su empresa —todos hombres y todos mayores— y estaba aterrorizada. Quería ganarse la confianza de un superior en particular. «¿Y si no le caigo bien? ¿Y si hago el ridículo? ¿Y si no soy lo bastante buena?». Mi respuesta a su angustia la pilló desprevenida. «No pienses, solo responde: ¿Qué es lo peor que podría pasar?». «Podría darme la espalda», soltó. Anna y yo nos miramos en silencio unos instantes. Repetí sus palabras despacio. «Podría… darte… la espalda…». Fue un momento revelador. A Anna se le llenaron los ojos de lágrimas; era la primera vez que mostraba una emoción real en las sesiones.

A partir de ese momento, Anna ya no se negó a ahondar en su infancia. Empezó a analizar la dinámica de su crianza y cómo había influido en su vida y en la mujer en la que se había convertido. Se permitió explorar cómo esas experiencias la ayudaron a moldear, para bien o para mal, la persona que era hoy. Anna relacionó su ansiedad en el trabajo, su dificultad para entablar amistad con otras mujeres y la necesidad imperiosa de cuidar de su padre con las heridas que había sufrido de niña. Anna pasó de negar un historial de trauma a reconocer que había experimentado varios en su infancia. El reconocimiento le permitió por fin lidiar con lo que la atormentaba y abordar la causa de los síntomas que padecía desde hace mucho tiempo. Anna es un ejemplo excelente de cómo una percepción limitada del trauma puede generar confusión, autoculpa, diagnósticos erróneos y, lo peor de todo, un sufrimiento prolongado e innecesario. El proceso de Anna para reeducar a su niña interior fue un punto de inflexión en su vida y un camino a la sanación que continúa recorriendo todavía hoy. Pero la ansiedad que la paralizaba... ¡ya no existe!

¿Dónde nos lleva entonces este complejo concepto de trauma? En los próximos capítulos analizaré cómo pueden manifestarse el trauma y el abuso, especialmente de formas que no nos han enseñado a reconocer. También exploraremos las respuestas al trauma, los síntomas correlacionados y cómo nos afectan. Estos son los pasos previos y fundamentales para identificar a nuestros niños internos heridos de modo que podamos reeducarlos y sanarlos. Sin embargo, nada de esto tiene sentido si antes no nos ponemos de acuerdo en qué es realmente el trauma. Sin una definición clara, podríamos pasar por alto la identificación de una vivencia como traumática. Si somos incapaces de identificar que algo fue traumático, no podremos reconocer cuál fue nuestra respuesta al trauma. Y, si no sabemos cuál fue nuestra respuesta al trauma, no podremos entender los síntomas correlativos que probablemente todavía seguimos padeciendo. ¿Ves cómo podemos quedarnos atrapados en este bucle? Este ciclo causa un sufrimiento infinito, la resistencia al cambio y el sentimiento de desamparo. Nos quedamos sumidos en nuestro dolor, simplemente sobreviviendo en lugar de prosperar. Y, francamente, merecemos algo mejor. Dicho esto, demos el primer paso en este camino de sanación y definamos el trauma de una manera que nos permita reconocer y validar nuestras experiencias para que podamos empezar a sanar. *Date hoy lo que no tuviste ayer* define el trauma como un suceso, circunstancia o situación (aguda o crónica) que causa angustia a una persona y provoca una respuesta emocional impactante y a menudo duradera.

Conclusiones

- Las definiciones limitantes del trauma han hecho que muchos pasemos por alto experiencias que nos hirieron, y eso nos ha dejado sumidos en la confusión y el dolor.
- El trauma sigue estando estigmatizado, lo que puede llevarnos a negar o descartar experiencias traumáticas porque no fueron «lo suficientemente graves».
- *Date hoy lo que no tuviste ayer* te anima a que te des permiso para decidir qué supuso un trauma para ti, basándote en cómo sientes que te afectó y no en una definición o estereotipo clásico.

Preguntas para reflexionar

- Cuando escuchas la palabra «trauma», ¿qué te viene a la mente?
- ¿Sientes que has sido víctima de algún tipo de trauma estereotipado o estigmatizado? ¿De qué formas?
- ¿Qué experiencias de tu infancia reconoces ahora como traumáticas según la definición de trauma de *Date hoy lo que no tuviste ayer* y que antes no reconocías? ¡Anótalas para más tarde!

3

EL ABUSO: LA VERDAD DEL ASUNTO

Cuando escuchas la palabra «abuso», ¿qué te viene a la mente? ¿Qué te evoca? Dedica un momento a reflexionar sobre los pensamientos y sentimientos que asocias de inmediato a este término. Como vimos en el capítulo anterior, la forma en que definimos y percibimos conceptos como el trauma influye en nuestra capacidad para reconocerlo. Lo mismo ocurre con el abuso. Siempre que alguien toma la valiente decisión de embarcarse en la reeducación de su niño interior (o niños interiores), lo animo a que, antes de empezar, considere detenidamente sus creencias respecto al trauma y al abuso. Y eso es lo que te propongo hacer ahora. Este primer paso es importante porque, con demasiada frecuencia, las heridas abiertas pasan desapercibidas o se descartan debido a una concepción limitada de lo que constituye el abuso. Al igual que cuando abordamos el trauma en el capítulo anterior, es fundamental revisar las definiciones actuales de abuso con las que trabajamos y cómo estas influyen en nuestra capacidad para identificarlo en nuestra vida. Analicemos dos definiciones comunes, aunque muy diferentes:

- El *Diccionario Oxford* afirma que el abuso es «usar algo de forma indebida...». ***Oxford English Dictionary*, s. v.** «abuso»
- La Asociación Americana de Psicología (APA) describe el abuso como «interacciones en las que una persona se comporta de manera cruel, violenta, degradante o invasiva hacia otra persona o animal». ***Diccionario de psicología de la APA*, s. v.** «abuso»

A medida que las desgranamos, te animo a que valores cómo las aplicarías a tu experiencia y si el resultado te parece incluyente o excluyente.

Primero, analicemos el abuso como «el uso indebido de algo». Para esta definición, intercambia «algo» por «alguien»: tú. Al leerla ahora, ¿qué te viene a la mente? En tu niñez, ¿alguna vez alguien te ha usado de forma indebida? Un ejemplo obvio sería el abuso sexual. Otro no tan obvio sería el de un padre emocionalmente inmaduro que descarga en su hijo la responsabilidad de su estabilidad emocional como adulto. Esto es usar indebidamente los sentimientos de un niño. Esto es maltrato emocional. Si no estás seguro de qué es un padre emocionalmente inmaduro, cómo se manifiesta o si el tuyo lo fue, te animo a leer el libro superventas de Lindsay Gibson, *Hijos adultos de padres emocionalmente inmaduros*. ¿De qué otras maneras podrías sentir que te han «usado de forma indebida»?

Analicemos ahora la definición de la APA. Si bien es más inclusiva, podemos centrarnos en palabras como «violencia». Aunque es evidente que el abuso implica violencia, de cualquier tipo, también incluye el acto de ser «cruel, denigrante o invasivo». La crueldad suele reservarse para describir actos atroces, pero puede ser muy ladina y, por tanto, también muy siniestra. Ser cruel significa causar dolor o sufrimiento, a menudo de manera deliberada y sin consideración. La crueldad no solo se da cuando un padre le habla de forma mezquina y degradante a su hijo («¡Fuiste un accidente, yo no te quería!»), sino también cuando no dice nada. Un padre es cruel cuando se guarda palabras que podrían aportar valor y sentido de pertenencia a su hijo. Crueldad es rechazar una iniciativa de interacción y enviar a un niño llorando a su habitación dejándolo aislado y descontrolado. Ser cruel es ser injusto.

Desarrollar estas definiciones y aplicarlas a nuestra vida no es tarea fácil, así que, si tienes dudas, ¡no te preocupes! Tómate el tiempo que necesites, desconecta y, cuando te sientas preparado para volver, recuerda que no hacer este ejercicio puede impedir que veamos con claridad de dónde proviene nuestro dolor. Ampliar nuestra perspectiva sobre el abuso nos permite etiquetar adecuadamente las experiencias de nuestra infancia que nos dejaron huella. Este paso es importante porque las heridas que quedan sin etiquetar no se curan. Cuando logramos catalogar nuestras experiencias infantiles dolorosas por lo que fueron, abusivas y traumatizantes, podemos comenzar el proceso de sanación. Este reetiquetado consigue que nuestro camino a la sanación avance con mayor facilidad, con menos confusión, y que los resultados sean más duraderos. Para ayudarte en este proceso, he dividido el abuso en siete categorías que pueden servirte de guía para reconocer y poner nombre a las experiencias infantiles no identificadas.

Los siete tipos de abuso

Ten en cuenta que algunos tipos de abuso pueden encajar en varias categorías y que esta lista no es definitiva. A medida que avances en la lectura, anota cualquier recuerdo que surja.

Negligencia

La negligencia es una forma de abuso que está presente en todas las formas de maltrato. No se refiere a lo que nos hicieron, sino a lo que no nos hicieron. Es la carencia de lo que se necesita, ya sea por la denegación o por la incapacidad de satisfacer nuestras necesidades primarias. Piensa en las necesidades básicas como comida, agua, refugio, aire y seguridad física, y en las necesidades vitales como amor, afecto, respaldo, orientación, pertenencia y seguridad mental o emocional, por nombrar solo algunas. Cuando estas necesidades no se satisfacen, sufrimos negligencia, que puede ser:

- **Física:** la falta de afecto, de cuidados básicos, de consuelo o de contacto físico seguro.
- **Económica:** la denegación de ayuda económica como sanción o la falta de medios económicos para cubrir necesidades.
- **Social:** la falta de oportunidades de interacción social, el abandono social, la marginación social o la condena al ostracismo.

- **Emocional:** la denegación de amor, de afecto y de apoyo emocional.
- **Psicológica:** la ausencia de validación, la falta de orientación o la denegación de afecto.

Maltrato físico

El maltrato físico incluye actos obvios como la agresión. Comprende golpes, patadas, el trato brusco o el castigo corporal (sí, los azotes también cuentan), pero también abarca los siguientes:

- **Aislamiento involuntario:** enviar a un niño molesto a su habitación.
- **Restricción de movimiento:** arrinconar a un niño durante periodos prolongados.
- **No atender las necesidades médicas:** negarse a llevar a un niño al médico.
- **Mal uso de los medicamentos:** sobremedicar a un niño para hacerlo más manejable.
- **Alimentación forzada o denegación de alimento:** obligar a un niño a comer algo que no quiere o mandarlo a la cama con hambre.

Muchas personas afirman que nunca han sufrido maltrato físico porque sus cuidadores «nunca les pegaron». Sin embargo, cuando reflexionamos sobre todo lo que incluye, algunos de nosotros ya no podemos sostener esa afirmación. Darte cuenta de que padeciste maltrato físico sin que tú ni tus padres fuerais conscientes puede resultar abrumador, así que recuerda tomártelo con calma y darte el tiempo necesario para procesarlo.

Abuso sexual

El abuso sexual no se limita estrictamente a los actos sexuales entre un adulto y un niño. Puede incluir cualquier experiencia en la que te hayan tratado con crueldad, o hayan abusado de ti, o te hayan herido en relación con tu sexualidad, tus órganos sexuales o tus creencias respecto al sexo. El abuso sexual puede incluir:

- Acoso sexual, violación, agresión sexual y relaciones sexuales no consentidas forzadas o bajo presión.
- Falta de educación sexual adecuada, que aumenta el riesgo de abuso.
- No creer a un niño o culparlo cuando denuncia un abuso sexual.
- Actos sexuales entre niños.

Al reflexionar sobre las experiencias que te impactaron negativamente (aunque no se ajusten al esquema clásico de abuso sexual), te animo a que las reconozcas porque son importantes. Tómate tu tiempo y ve al ritmo con el que te sientas cómodo.

Maltrato económico

Esta forma de maltrato es más común en las relaciones entre adultos, pero a veces también la vemos en las relaciones entre padres e hijos. Las situaciones en las que un progenitor usa dinero para intentar «comprar» a su hijo o le niega los recursos para cubrir necesidades básicas son formas de maltrato económico. Otros ejemplos incluyen:

- Un padre que se niega a pagar una actividad extracurricular (como danza, coro o teatro) porque prefiere que su hijo practique un determinado deporte en su lugar.
- No comprarle a su hijo la equipación indispensable porque destrozó un par de zapatos.
- Obligar a un niño a asumir cargas que no le corresponden por su edad o sus necesidades.

Este tipo de maltrato a menudo acostumbra a someter al niño a otros abusos como pueden ser la burla, la vergüenza, la humillación y el acoso por parte de otras personas fuera del hogar, y de compañeros o familiares e incluso de personas desconocidas. El motivo, la intención y la repercusión son factores importantes que debes tener en cuenta cuando reflexiones sobre el maltrato económico en tu infancia.

Abuso social

A menudo pensamos en el abuso social como el acoso entre compañeros de clase, pero nos olvidamos de que el abuso social también puede venir de:

- Padres que niegan o limitan la interacción social con amigos (la interacción social es vital para el desarrollo infantil).
- Avergonzar o humillar públicamente a un niño.
- Sabotear las relaciones sociales del niño.

Recuerda: si fue cruel, te hirió o te impactó negativamente, puedes considerarlo maltrato. Nada es insignificante.

Quiero que profundicemos en los dos siguientes: el maltrato emocional y el psicológico. Normalmente las personas acuden a terapia por lo que llamamos traumas con «T» mayúscula. Se trata de traumas evidentes y extremos, como el maltrato físico o el abuso sexual. Rara vez veo personas que busquen terapia por los traumas con «t» minúscula. Sin embargo, en el trauma con «t» es donde se ocultan el maltrato emocional o el psicológico (aunque yo jamás los consideraría menores). Por desgracia, las personas que tienen heridas en estos ámbitos a menudo ni siquiera son conscientes. Podrían buscar ayuda para la ansiedad, la depresión o problemas de pareja sin conocer la causa. A menudo se sienten desesperadas y el tratamiento no es efectivo. Si esto te suena, no estás solo. No estás roto, la sanación es posible y hay una respuesta. A veces, la respuesta se halla en las heridas ocultas que albergan en el corazón nuestros niños internos heridos, maltratados emocional y psicológicamente. Así que veamos qué podemos encontrar.

Maltrato emocional

El maltrato emocional puede incluir tanto lo que se le hace a un niño como lo que no se le hace. Recuerda que lo que no se hace también es negligencia. El maltrato emocional incluye controlar excesivamente a un niño, aislarlo y mostrar indiferencia ante sus necesidades emocionales. También engloba:

- **Apodos/insultos:** «¡Eres un niñato malcriado!».
- **Culpabilización:** «¡No te gritaría si me hubieras hecho caso la primera vez!».
- **Intimidación:** «¡Deja de llorar o ya te daré yo motivos para hacerlo!».
- **Vergüenza:** «¡Ni siquiera puedo mirarte ahora mismo!».
- **Humillación:** «¡Deja de ser tan blandengue y empieza a madurar!».
- **Crítica:** «¿Cuántas veces tengo que pedírtelo?».
- **Negligencia emocional:** «¡Vete a tu habitación y no salgas hasta que te calmes!».

Quizá tu padre no te insultó o no te criticó, pero ¿alguna vez te menospreció a ti, a tus intereses o a tus intentos de interacción? Quizá tus cuidadores no te avergonzaron, pero ¿te permitieron tener expresiones emocionales saludables como llorar, enfadarte o derrochar energía cuando estabas feliz? A menudo, los padres no se dan cuenta de que están siendo maltratadores emocionales, y las expectativas sociales de lo que consideramos aceptable también pueden influir en la crianza. Los estudios han demostrado que los padres empiezan a tratar a sus hijos de forma distinta que a sus hijas a partir de los cuatro años. Esto puede incluir prohibirles expresiones emocionales que no se consideran aceptables según el género, como la tristeza o la ira (Sharman *et al.*, 2019). No permitir el llanto por ser hombre ni el enfado por ser mujer es maltrato emocional. Las emociones no son específicas de un género y tienes derecho a sentirlas todas.

Maltrato psicológico

El maltrato psicológico es el más encubierto de todos; a menudo no se reconoce porque pasa desapercibido. El maltrato psicológico puede tener un impacto comparable al peor de los abusos más evidentes. Debido a sus métodos difíciles de detectar y a su impacto invisible (no deja huella física), suele ser el maltrato más prolongado que sufren sus víctimas. A menudo llamado violencia emocional o psicológica infantil (CPM, por sus siglas en inglés), incluye negligencia emocional, críticas frecuentes, aislamiento, intimidación, aterramiento, menosprecio y denegación de afecto (Sharman *et al.*, 2019). También puede incluir:

- **Aplicar la ley del silencio:** ignorar a un niño o negarse a comunicarse con él.

- **Hacer luz de gas:** manipular a un niño para que dude de su percepción, realidad o experiencias.
- **Exposición a la violencia doméstica:** ser un maltratador físico o verbal delante de un niño.
- **Poner a un niño en contra de alguien:** intentar que el niño odie al otro progenitor.

En un estudio realizado en la Universidad del Norte de Texas, Watts y su equipo descubrieron que el maltrato psicológico infantil es un factor de riesgo significativo para desarrollar TEPT de por vida, y que las personas que lo experimentaron sufrieron síntomas más severos relacionados con el TEPT que quienes sufrieron agresión física o sexual (Watts *et al.*, 2023). Esta información suele sorprender, ya que seguimos dando mucha importancia a los traumas con «T» y al maltrato manifiesto, y tendemos a desestimar el maltrato encubierto o los traumas con «t». Esto no significa, por supuesto, que estos traumas y abusos no tengan un impacto profundo. Sin duda, lo tienen. Pero lo que quiero decir es que podrías estar sufriendo síntomas postraumáticos graves, crónicos y debilitantes sin que nadie te haya puesto la mano encima.

Debemos reconocer que la crítica, la falta de afecto, el menosprecio y que te digan que «calladito estás más guapo», que te manden a tu habitación o te ordenen que dejes de llorar, que te falten al respeto o que te ignoren por ser un niño es maltrato —a menudo maltrato traumático— y puede causarte numerosos síntomas dolorosos de por vida. Por lo tanto, lo que te sucedió, ya sea «mayúsculo» o «minúsculo», importa, y debes dejar que importe. Dales a las vivencias de tu niñez la importancia que merecen y la atención que necesitan. Si no lo haces, muchos niños interiores heridos se quedarán perdidos, congelados dentro de ti, pidiendo auxilio. No los trates con la misma indiferencia y desdén que los crearon.

Los NeMIND

Emprender tu camino a la sanación implica identificar experiencias de la infancia que quizá hayas pasado por alto. Ver el abuso y el maltrato desde otro punto de vista te proporciona la hoja de ruta para empezar. Sin embargo, debo advertirte algo: durante el recorrido quizá encuentres obstáculos. Yo los llamo los NeMIND: negar, minimizar, normalizar y defender. Estos obstáculos son el resultado de lo que yo denomino «cerebro maltratador» y reflejan el proceso que atravesamos cuando intentamos comprender algo que hemos vivido desde una perspectiva diferente. Mientras que nosotros nos esforzamos por entender la verdad de nuestra experiencia, en nuestra mente se libra una batalla. Experiencias que antes pensábamos que «no fueron tan malas», ahora vemos que sí lo son. ¡Repasemos juntos esos NeMIND para que estés preparado para derrotarlos y salir vencedor!

Negación

Al reflexionar sobre tu infancia, es posible que tiendas a negar el maltrato. Podrías pensar: «Conozco a gente que sufrió maltrato de verdad y yo no pasé por lo mismo, así que no es mi caso». Esto es negación. Te recuerdo que el hecho de que alguien tenga una enfermedad potencialmente mortal y tú tengas gripe no significa que no estés enfermo solo porque no estés igual de enfermo que esa persona. Tú también necesitas tratarte y curarte. Te animo a que te des permiso para reconocer el maltrato que sufriste. Admitirlo no te hará sentir peor; simplemente te conectará con el dolor que ya llevas dentro para que la sanación pueda empezar.

Minimización

La minimización es una herramienta de la que se sirve nuestro cerebro para afrontar experiencias sobrecogedoras. Minimizamos cuando decimos: «No fue tan malo», «Nunca me pegaron» o «Solo fue una vez». Minimizamos por miedo a cómo nos sentiríamos si aceptáramos la realidad de nuestra experiencia. A menudo los niños no tienen más remedio que hacerlo, pero debes recordar que tú ya no eres pequeño y que tus niños internos heridos necesitan que reconozcas lo que vivieron para sanar. Permítete reconocer la realidad de tu infancia y tu perspectiva sobre lo que viviste sin sensación de drama ni de culpa.

Normalización

De niños, nuestra vida familiar, nuestras experiencias y el ambiente que nos rodeaba era todo cuanto conocíamos. Sin posibilidad de comparación, nuestro cerebro concluyó que el mundo era así. El entorno de nuestra infancia se convirtió en nuestro esquema de lo «normal» o familiar, y eso le encanta a nuestro cerebro. De hecho, está diseñado para buscar lo que conoce. Por eso, de adultos, tendemos a repetir la dinámica de la relación que teníamos con nuestros padres cuando éramos niños: con parejas, amigos y jefes. Cuestionar nuestras creencias sobre lo «normal», alterar nuestro esquema inicial, puede ser percibido como una amenaza por el cerebro y como una verdadera incomodidad por el cuerpo. Date permiso para reconocer que lo que se consideraba «normal» puede no haber sido aceptable y permítete admitir que merecías algo mejor.

Defensa

Los niños tienen una programación biológica que los impulsa a buscar amor, aceptación y sentido de pertenencia en sus cuidadores. Esto puede llevar a los pequeños a defender incluso a quienes los maltratan. Este instinto suele acompañarnos en la edad adulta. He visto a personas justificar el trato abusivo de sus padres en los peores escenarios. Al no ser el caso de muchos de nosotros, somos aún más propensos a estar a la defensiva. Quizá tuviste un padre que se esforzó, pero que tenía su propio trauma sin sanar. Quizá tienes la certeza de que no quería hacerte daño. O puede que ahora tengáis una relación cercana y temes que se vea afectada. Por estas y muchas otras razones, podemos encontrarnos atrapados entre justificar el comportamiento abusivo de nuestros padres y, al mismo tiempo, intentar recuperarnos del impacto que esos actos tuvieron en nosotros. Permítete liberarte de la necesidad de defenderlo. Sanar no implica demonizar a las personas, ignorar sus intenciones o cortar la relación. Lo que sí requiere es que creas a tus niños internos heridos y les ofrezcas tu apoyo para que puedan sanar y tú por fin logres liberarte.

La historia de Hannah

A los veinticuatro años, Hannah acudió a mí con la sensación de que había llegado al final de su vida y de que no le quedaba nada. Sufría una ansiedad paralizante, estaba desmotivada y deprimida, y ya no sabía quién era realmente. Por dentro, se sentía perdida, confundida y desesperanzada. Por fuera, era una joven brillante que estudiaba nutrición pediátrica. Provenía de una familia económicamente estable, se rodeaba de buenos amigos y parecía «tenerlo todo». Llevaba años poniendo en práctica habilidades de afrontamiento, afirmaciones y escuchando pódcast de empoderamiento para lidiar con la ansiedad, pero no le habían servido de nada y necesitaba desesperadamente un cambio. Sin embargo, la perspectiva de Hannah sobre el trauma y el maltrato hacía que negara cualquier trauma, minimizara cualquier abuso, normalizara sus vivencias y defendiera a sus padres. Estaba estancada.

Un día, Hannah mencionó de pasada que su padre había renunciado reiteradamente a las expectativas de perfección de ella y de su madre. Cuando insistí en el tema, ella le quitó importancia y dijo que ya lo había superado. Pero minutos después la chica tenía la cara roja como un tomate y estaba casi hiperventilando. Animé a Hannah a examinar la posible conexión entre sus misteriosos síntomas físicos y el momento en que había empezado a hablar de su infancia. Tras varias sesiones con incidentes similares, Hannah logró superar los NeMIND lo suficiente como para ver la realidad. Se dio cuenta de que había estado sufriendo maltrato psicológico y emocional desde los dos años. El abandono, la negligencia emocional, las críticas, la parentificación, el menosprecio, el rechazo, la invalidación y el aislamiento eran tan frecuentes que le parecían completamente normales. La infancia de Hannah estuvo plagada de maltrato traumático, pero había pasado desapercibido y desatendido porque nadie le había alzado la voz ni le había puesto la mano encima. Y, sin embargo, los síntomas de Hannah relacionados con el trauma llevaban años saliéndose de los gráficos. Con paciencia y autocompasión, comenzó a validar sus experiencias y a conectar con sus niños internos heridos. A medida que recobraba el valor para quererse y curarse, Hannah iba regresando a la vida. Sus síntomas disminuyeron, volvieron a brillarle los ojos, recuperó la confianza y su verdadero yo salió a la luz. El camino para reeducar a sus niños internos fue una batalla ardua y bien ganada.

Ese es el camino que estás recorriendo tú ahora.

Conclusiones

- El maltrato comprende actos físicos, sexuales, económicos, sociales, emocionales y psicológicos, y también los negligentes. Puede ser manifiesto (muy obvio) o encubierto (nada obvio).
- El maltrato psicológico infantil es capaz de provocar TEPT crónico grave, que podría llegar a superar el impacto de la agresión física o sexual.
- Los conceptos que se resumen en NeMIND afloran a veces durante la exploración de las experiencias de la infancia y requieren paciencia y autocompasión.

Preguntas para reflexionar

- ¿Hubo situaciones de maltrato en tu infancia de las que quizá no habías sido consciente o no consideraste maltrato? Si es así, ¿cuáles fueron? ¡Anótalas!
- ¿Sientes NeMIND cuando reflexionas sobre los recuerdos de tu niñez? ¿A qué se debe?
- ¿Qué significaría para ti validar las experiencias dolorosas de tu infancia? ¿Esa validación te aporta alivio y comprensión, o quizá te genera dudas o miedo sobre las consecuencias que podría tener? Acepta tus sentimientos. ¡Son perfectamente válidos!

4

LAS RESPUESTAS AL TRAUMA: CONFÍA EN TUS SÍNTOMAS

«El trauma no es lo que nos pasó a nosotros, sino lo que pasó dentro de nosotros como resultado».

Gabor Maté, ***El mito de la normalidad***

Cuando pensamos en el trauma, a menudo rememoramos lo sucedido y pasamos por alto nuestra respuesta a esa vivencia. La gente minimiza el sufrimiento de los demás diciendo: «Bueno, mi trauma fue peor que el tuyo», porque consideran que su experiencia era más grave. Hay quien asegura que la palabra «trauma» se usa de forma incorrecta cuando etiquetamos como traumático un incidente que no fue «tan malo». Este argumento desestima las experiencias individuales de las personas basándose en criterios erróneos. Comparar sucesos traumáticos y reconocer solamente los que parecen más graves por motivos obvios invalida y puede retraumatizar a quienes sufren igualmente por experiencias menos reconocidas. El trauma es una vivencia integral. No se trata solo de lo ocurrido, sino también de cómo nos impacta aquello que sucedió. El suceso puede ser lo que enciende la mecha, pero el trauma es el fuego que arde en nuestro interior. Un fuego que puede arder mucho después de entonces. Para poder apagar ese fuego, necesitamos entender por qué comenzó, qué lo alimenta y por qué sigue reactivándose incluso después de todos nuestros esfuerzos. Profundicemos en esto.

Los cambios de marcha

Nuestro cuerpo cuenta con un magnífico sistema de alarma integrado que se conoce como sistema nervioso autónomo. Su respuesta es rapidísima y puede adueñarse del control de tu cuerpo sin tu permiso. Desde que naciste, ha trabajado en coordinación con tu cerebro para identificar amenazas y aprender a responder en consecuencia. Este sistema es responsable de tu supervivencia, de tu protección constante y de buena parte de tu sufrimiento. Imagina que tu cuerpo es un coche y tu sistema nervioso es la palanca de cambios. Tu cerebro puede cambiar las marchas de tu sistema nervioso según lo requiera tu supervivencia. Cuando todo está bien, nos encontramos en punto muerto, avanzando sin problemas. Esta marcha refleja nuestro sistema parasimpático, o un estado de «reposo y digestión». Estamos tranquilos, relajados y recuperándonos. Pero, cuando nuestro cerebro percibe peligro, cambia la palanca de nuestro sistema nervioso del ralentí a la acción. Esto nos lleva del estado parasimpático al simpático, o a un estado de «activación». Así es como se ven las marchas:

- **Primera marcha:** *alerta.* Se detecta una amenaza potencial y se activan tus sentidos.
- **Segunda marcha:** *alarma.* Hay una amenaza y tu sistema te indica que respondas.
- **Tercera marcha:** *pánico.* Existe un peligro inminente y tienes que actuar de inmediato.
- **Cuarta marcha:** *angustia.* Estás en peligro activo o en una situación potencialmente mortal y tu objetivo es sobrevivir.

Estas marchas son respuestas biológicas al peligro, percibido o real. Son lo que alimenta el fuego en nuestro interior. Piensa en momentos de tu vida en los que hayas experimentado alguna o varias de estas marchas. ¿Cómo te sentiste en cada una?

Las respuestas al trauma

Cuando vivimos algo traumático, cambiamos de marcha para responder a ese suceso. Tenemos respuesta para el trauma. Si has oído hablar de términos como «lucha» o «huida», entonces ya tienes una idea. Sin embargo, existen otras formas de responder además de estas. A continuación, examinaremos seis tipos diferentes de respuestas al trauma. Cuando experimentamos alguna de ellas, podemos estar en cualquiera de las marchas. A medida que las leas, piensa en un ejemplo para cada una. Puede ser un caso personal o uno que hayas presenciado, leído o visto en una película.

Rebaño

Esta respuesta al trauma, a menudo desconocida, es específica de situaciones que involucran a un grupo de personas. A veces se la denomina «mentalidad de manada» porque todo el mundo se mueve a la vez. Es una reacción que también se observa en los animales. Se debe a que la unión ofrece seguridad, pero también a que las personas a menudo no saben qué hacer o cómo responder, por lo que se dejan llevar. El objetivo de la respuesta de rebaño es encontrar seguridad y protección en el grupo. Durante esta respuesta al trauma, a menudo experimentamos sensaciones como pánico, confusión, miedo, hostilidad, terror y agobio. Un ejemplo es el tiroteo de Las Vegas de 2017 durante el festival de música Route 91 Harvest, en el que un hombre abrió fuego contra los asistentes al concierto desde el piso 32 de un hotel cercano. En medio del caos, la confusión y el pánico, las personas se siguieron instintivamente, observando el movimiento grupal para ver qué dirección podría llevarlas a un lugar seguro.

Congelación

Esta respuesta al trauma es exactamente lo que su nombre indica. Cuando ocurre, el cerebro se apodera de tu función ejecutiva y te bloquea. El objetivo de esta respuesta suele ser recopilar datos y evaluar la situación para decidir qué hacer a continuación. Pero también puede tratarse de una respuesta automática al terror y la confusión, que a veces llega a ser peligrosa. Algunas escuelas de pensamiento afirman que la congelación es parte de nuestro proceso de «desconexión». Volveremos a hablar de ese proceso durante la última respuesta al trauma. Sin embargo, las sensaciones que acompañan a esta reacción demuestran que ocurre justo lo contrario. Durante la congelación, se nos abren los ojos de par en par para asimilar la información, se nos agudiza el oído, el corazón nos late con fuerza, la sangre bombea a toda prisa, los músculos se tensan y, a veces, puede parecer que el tiempo se ralentiza. Un ejemplo es el ciervo en el bosque que oye un ruido y se mantiene inmóvil. También observamos esta reacción en las películas, cuando las personas ven algo por primera vez y se quedan paralizadas mientras la amenaza avanza hacia ellas.

Huida

Cuando pensamos en esta respuesta al trauma, la mayoría imaginamos a alguien huyendo, corriendo o escapando de una situación. Pero este solo es un aspecto de la huida. También podemos experimentar esta respuesta a nivel mental y emocional. El objetivo de esta reacción es sacarte de la situación y ponerte a salvo lo más rápido posible. Esta respuesta implica acción, por lo que conlleva sensaciones físicas muy intensas. Sentimientos de ansiedad, pánico, terror y desesperación acompañan a síntomas físicos como temblores, respiración nerviosa y latidos cardiacos acelerados. Esto se debe en gran medida a los niveles de adrenalina que circulan por el cuerpo. Esta hormona es liberada por las glándulas suprarrenales, por orden del cerebro, con la intención de que te muevas. Sin embargo, debemos reconocer que no todas las situaciones que desencadenan la respuesta de huida al trauma nos exigen, o nos permiten, huir físicamente. Puedes experimentar una reacción de huida al recibir un correo electrónico de tu jefe pidiéndote que te presentes en su despacho. O cuando eras niño y tus padres gritaban tu nombre muy enfadados y tenías que ir a verlos. También podemos querer huir de nuestros pensamientos o emociones porque son demasiado dolorosas o porque no nos hacen sentir bien. Cuando experimentamos la respuesta de huida, pero no hay ningún lugar seguro al que escapar, la situación puede pasarnos factura a nivel mental, emocional y físico.

Lucha

La respuesta de lucha al trauma es la otra cara de la moneda de la respuesta de huida. También es una reacción orientada a la acción y, por lo tanto, utiliza la adrenalina de la misma manera. Sin embargo, aquí el objetivo es defenderse o protegerse a uno mismo o a los demás de una amenaza de daño. A menudo pensamos en amenazas físicas y, por lo tanto, en defensa física, como en caso de ataque, asalto o agresión. Pero la amenaza de daño también puede ser mental o emocional. Si alguien nos engaña, nos manipula, nos invalida, nos maltrata emocionalmente o nos amenaza verbalmente, podemos reaccionar con la respuesta de lucha igual que si alguien nos atacara físicamente. Suele parecerse a una reacción exagerada de la que luego se aprovechan los maltratadores para hacerse las víctimas. (Lo que se denomina «abuso reactivo»). Durante la respuesta de lucha al trauma, experimentamos una energía intensa, ira, rabia, respiración acelerada, acciones impulsivas o pérdida de control. Las personas que se defienden como pueden del ataque de un animal o que entran en cólera cuando alguien daña a su hijo son ejemplos de la respuesta de lucha.

Adulación

En la respuesta de adulación al trauma es donde apreciamos una variación significativa y un cambio de dirección respecto a las respuestas traumáticas previas de rebaño, congelación, huida y lucha. Estas respuestas traumáticas son muy enérgicas y, a menudo, resultan en acción externa. Con la adulación ocurre al contrario. Adular significa buscar aprobación o aceptación mediante el uso de recursos como el halago. Pero, en lo que se refiere a la respuesta al trauma, lo que realmente estamos haciendo es negociar nuestra seguridad con todos los medios necesarios. La adulación es uno de los tipos de respuesta al trauma más comunes entre los niños, porque no pueden huir ni luchar. No tienen más opción que desarrollar formas alternativas de intentar detener, impedir o mitigar cualquier abuso o maltrato que estén experimentando. La reacción de adulación resulta en acciones que intentan estabilizar una situación, apaciguar al maltratador o evitar el daño. La consecuencia más común de la adulación es la complacencia. Muchas personas creen que han nacido para agradar, que es parte de su personalidad. A la sociedad suele gustarle la gente complaciente, los que dicen que actúan desinteresadamente y que se sacrifican por el bien de los demás, cuando lo cierto es que muchos de ellos simplemente están atrapados en el ciclo de la adulación: siempre indecisos, incapaces de escapar, incapaces de luchar, buscando la aprobación para sentirse seguros. Las sensaciones que acompañan la respuesta de adulación al trauma son emociones reprimidas, ansiedad intensa, desesperación, miedo, soledad y autodesprecio. La expresión «andar con pies de plomo» se usa a menudo para describir a las personas que experimentan esta reacción. Defender al maltratador, minimizar el abuso o autoconvencernos de que nos lo merecemos son reacciones que también suelen acompañar a esta respuesta traumática. Un ejemplo es el niño que busca incansable la aprobación de su padre emocionalmente negligente o inmaduro. El niño cambia su forma de ser, lo que le gusta y lo que no, se vuelve más cumplidor en la escuela o en el deporte, se mantiene al margen en casa y aprende a cuidarse solo para no ser una carga. Todos estos esfuerzos son un intento de negociar con el progenitor para que no le haga daño, ya sea mental, emocional o físicamente.

Colapso

La respuesta de colapso al trauma suele ser la menos reconocida o de la que menos se habla. A veces se la asocia a la de congelación; sin embargo, presentan síntomas diametralmente opuestos. El escaso conocimiento sobre esta respuesta al trauma ha llevado a muchas personas a culparse por lo que experimentaron y a odiarse por cómo actuaron. Esto se debe a que es completamente distinta a las demás. Con ella hacemos exactamente lo que su nombre indica. Nos desplomamos, colapsamos, a veces nos desmayamos, nos «rendimos». No luchamos, no intentamos escapar, no gritamos para pedir socorro, sino que «soportamos». Esta reacción es nuestra forma de aislarnos de la realidad cuando nos enfrentamos a un dolor inminente e ineludible. Aunque a menudo es de naturaleza física, también puede ser un intento de escapar del dolor mental o emocional. El objetivo de esta reacción es ni más ni menos que sobrevivir. Lo vemos claramente en el reino animal: una zarigüeya que se hace la muerta o una cabra que se desmaya. Cuando experimentamos la respuesta de colapso al trauma, nuestro cuerpo se bloquea en lugar de acelerarse. El ritmo cardiaco disminuye, baja la presión arterial y la sangre se nos acumula en los órganos vitales, dejándonos las manos y los pies fríos. Durante esta respuesta, nuestro cuerpo puede quedarse inerte: podemos llegar a sentir como si nos evadiéramos de la realidad y nos encerráramos en él, y otras veces sentimos como si abandonáramos nuestro cuerpo y flotásemos encima de él. El síntoma más común asociado al colapso es la disociación, que, en pocas palabras, es el acto de desconectarnos. Un ejemplo es cuando alguien se queda inerte y no intenta defenderse ni detener una agresión sexual. Demasiadas personas se han odiado a sí mismas por pensar que lo permitieron, o han experimentado la culpabilización de la víctima al decirles que «al parecer lo deseaba porque no se defendió». Cuando la realidad es que estaban experimentando una respuesta al trauma real y muy válida sobre la que no tenían absolutamente ningún control. Si te identificas con esto de alguna manera, quiero que dediques un minuto para reflexionar y decirte a ti mismo: «No fue culpa mía. No podía hacer nada. Hice lo que tenía que hacer para sobrevivir». Y, recuerda, si estás leyendo este libro es porque sobreviviste. Tu respuesta al trauma funcionó y lo superaste.

Recapitulación de respuestas al trauma

Ahora que conoces los diferentes tipos de respuesta al trauma y de qué manera se manifiestan, aquí te dejo un resumen para que lo tengas de referencia.

- **REBAÑO:** mentalidad de manada, todos se mueven a la vez.
  - ✓ **Sensaciones:** alerta, pánico, confusión, miedo, agresividad.
  - ✓ **Propósito:** ponerse a salvo y hallar protección en el grupo.

- **CONGELACIÓN:** quedarse paralizado como un ciervo en el bosque cuando oye el crujido de una rama.
  - ✓ **Sensaciones:** concentración, visión y audición mejoradas, la sangre bombea, el tiempo se ralentiza, listo para actuar.
  - ✓ **Propósito:** paralizarte para que tu cerebro pueda recopilar datos y evaluar la situación para decidir cómo reaccionar.

- **HUIDA:** escapar, huir; puede ser física, mental o emocionalmente. Un conejo huyendo del peligro.
  - ✓ **Sensaciones:** adrenalina, temblores, palpitaciones, respiración rápida, ansiedad.
  - ✓ **Propósito:** escapar de la situación y ponerte a salvo lo más rápido posible.

- **LUCHA:** reacción agresiva para defenderse o protegerse; el ataque de un gato.
  - ✓ **Sensaciones:** energía intensa, ira, acción impulsiva, sensación de pérdida de control.
  - ✓ **Propósito:** defenderse de una amenaza de daño (mental, emocional o físico).

- **ADULACIÓN:** acción centrada en el otro para estabilizar una situación; un perro nervioso que rueda sobre su espalda en señal de sumisión.
  - ✓ **Sensaciones:** hacerse pequeño, movimientos minuciosos, ansiedad reprimida, desesperación, miedo, complacer a los demás.
  - ✓ **Propósito:** negociar la propia seguridad mental, emocional o física.

- **COLAPSO:** aislarse de la realidad ante un dolor inminente e ineludible (mental, emocional o físico); una zarigüeya fingiendo estar muerta.
  - ✓ **Sensaciones:** ritmo cardiaco lento, presión arterial baja, extremidades frías, desmayo, cuerpo flácido, ensimismarse o flotar fuera de uno mismo.
  - ✓ **Propósito:** sobrevivir.

Reflexión

Respira hondo y pregúntate: «¿Cómo me siento?». Haz un escaneo corporal rápido y observa cualquier sensación que experimentes. A menudo, hablar o leer sobre las respuestas al trauma puede provocar que se desencadenen las sensaciones asociadas. Si te está pasando ahora, tómate un descanso, respira hondo, recuerda que estás a salvo y vuelve cuando te sientas con fuerzas. Es mucha información para asimilar y, a menudo, podemos tener recuerdos, experimentar flashbacks o sentir que estamos reviviendo las experiencias que causaron las respuestas al trauma. El libro estará esperándote cuando estés listo. Es fundamental que te concedas tiempo y espacio para asimilar lo que acabas de leer, y a la vez supone una hermosa forma de seguir aprendiendo a quererte un poco más.

A veces, solamente se reconocen las respuestas al trauma en situaciones extremas, como luchar en una guerra o desmayarse ante una catástrofe. O también se cree que las personas solo responden al trauma ante el peligro físico. Esto no es cierto. La mayoría de las personas nunca se han enfrentado a situaciones extremas ni han estado en peligro físico, pero han pasado toda su vida experimentando reacciones traumáticas. Esto se debe a que no es la gravedad ni el tipo de suceso lo que determina si tenemos o no una respuesta al trauma. Siempre que experimentamos una amenaza (real o percibida) o un peligro (de cualquier tipo), reaccionamos instintivamente. Muchas personas no se dan cuenta de que el cerebro puede responder, y de hecho responde, ante una amenaza mental o emocional (como la crítica o la negligencia) de la misma manera que lo haría si la amenaza fuera física. El peligro puede presentarse en formas mentales, emocionales, sociales, económicas y espirituales, no solo físicas. Cuando percibes una amenaza a tu seguridad, de cualquier naturaleza, cambias de marcha y reaccionas ante ella. Esa reacción a menudo se presenta en forma de respuesta traumática. Una respuesta al trauma que estás experimentando. Nadie tiene derecho a decirte que no la sufriste o que no la estás sufriendo. Tú eres quien habita tu cuerpo, así que eres la única autoridad que puede dictaminar qué sentiste.

Comprender qué son las respuestas al trauma y cómo podemos tenerlas ante cualquier tipo de amenaza nos ayuda a validar nuestras reacciones. Si reaccionaste de forma exagerada o respondiste de manera inusual, espero que ahora sepas reconocer que tu respuesta no se debió a que fueras débil o mala persona: respondiste así porque estabas en un estado de funcionamiento alterado. Estabas experimentando una respuesta traumática. Entenderlo te aporta claridad, autocompasión y la liberación de la vergüenza y la culpa. Esta información también puede ayudarte a identificar tu respuesta al trauma predeterminada. ¿Alguna te ha llamado la atención en especial? ¿Tiendes a evitar o a huir de situaciones que te producen ansiedad (huida)? ¿O sueles preocuparte más por contentar a los demás que a ti mismo (adulación)? Si esas respuestas te funcionaron en el pasado, pueden convertirse en tu reacción por defecto ante una posible amenaza o daño, aunque no tengan sentido para la parte lógica de tu cerebro. Cuando respondemos de maneras que no comprendemos, tendemos a juzgarnos o a reprocharnos: «¿Por qué no dije lo que pensaba?», o bien «¿Por qué salí corriendo? ¡Debería haberle plantado cara y haberme defendido!». Estos pensamientos autocríticos se suman al dolor y no nos ayudan a sanar. Pero cuando entiendas que es tu cerebro y no tú quien elige cómo reaccionar, y que tal vez este eligió esa respuesta porque le funcionó en el pasado, puede que por fin te liberes de esa autocensura y dejes que fluya la compasión.

Los síntomas de las respuestas al trauma

Hemos analizado lo que sucede cuando experimentamos un suceso traumático que genera una respuesta al trauma inmediata.

Pero ¿qué ocurre cuando la experiencia traumática ha pasado, pero sigues en alerta constante o te quedas atrapado en el modo de lucha o huida? Gran parte de nuestro sufrimiento proviene de respuestas al trauma perpetuas y crónicas que continúan ocurriendo mucho después de que el suceso haya terminado. El fuego interior sigue ardiendo. Para poder apagarlo, necesitamos comprender por qué sucede esto. Para protegerte de posibles daños futuros o de revivir lo ocurrido, tu cerebro marcará o señalará diversos aspectos de las experiencias angustiosas de tu pasado para futuras referencias. Puede marcar prácticamente cualquier estímulo asociado: imágenes, sonidos, olores, lugares, personas, emociones, sensaciones, lugares, fechas, etc. Cuando experimentas o te encuentras con uno de estos aspectos marcados de experiencias anteriores, puede que sientas que «te desencadenas». Y, cuando te desencadenas, tu sistema nervioso cambia de marcha porque percibe una amenaza. Y esto, a menudo, deriva en una respuesta al trauma. Si no somos conscientes de lo que nos desencadena (al encontrarnos con esos aspectos señalados de traumas previos), podemos sentirnos descontrolados, confundidos, abrumados o incluso «desquiciados». Por ejemplo: supongamos que oír pasos fuertes en el pasillo significaba peligro para ti cuando eras niño. Aunque ya eres adulto, al oír pasos fuertes (el aspecto marcado), te desencadenas (y tu sistema nervioso cambia de marcha) y, como respuesta, el miedo te paraliza (respuesta al trauma). ¿Ves cómo funciona?

Las respuestas al trauma se acompañan siempre de síntomas. Aquí tienes una lista con algunos de los posibles para que puedas hacerte una idea:

- Irritabilidad, hipervigilancia, reacción de sobresalto exagerada.
- Evitación de conflictos, fobia social, complacer a los demás.
- Dificultad para dormir, pesadillas, pensamientos intrusivos.
- Dolor de cabeza, malestar de estómago, enfermedades crónicas.

Si experimentas alguno de estos síntomas y te cuesta entender por qué, hazte estas preguntas: ¿En qué marcha estoy cuando experimento estos síntomas? ¿Cuál es el detonante que me hace cambiar de marcha? ¿A qué experiencia pasada está vinculado ese detonante?

Esta reflexión es importante porque, cuando no entendemos qué sucede en nuestro interior ni por qué, podemos sentirnos «frágiles» o indefensos. Caemos en la vergüenza, en la confusión o incluso en la desesperación, pero comprenderlo nos aporta un gran alivio. Algo está alimentando ese fuego y, cuando averiguamos qué es, podemos empezar a apagarlo. Esto nos da esperanza de cambio.

Las respuestas al trauma y nuestros niños internos heridos

Si tuviste una infancia estresante, un padre emocionalmente inmaduro o tus necesidades no fueron atendidas, probablemente cambiaste de marcha con frecuencia y las respuestas al trauma se volvieron tan comunes que te parecían normales. La normalización de las respuestas al trauma puede hacer que nos volvamos insensibles a ellas. A veces, incluso empezamos a creer que esas reacciones representan quienes somos. Las personas confunden con demasiada frecuencia su forma de responder al trauma con sus rasgos de personalidad. Pensamos que somos dóciles y que deseamos agradar a los demás, sin darnos cuenta de que estamos siendo aduladores. Nos enorgullecemos de nuestro estilo de vida hiperindependiente e introvertido sin percatarnos de que vivimos en un estado de huida permanente. Estas cualidades pueden, por supuesto, ser rasgos de personalidad, pero cuando has sufrido un trauma infantil quizá te resulte complicado distinguir entre cómo has aprendido a comportarte para sobrevivir y cómo tiendes a actuar por ser como eres. Si estar herido fue una constante, puede ser difícil identificar a tus niños internos heridos cuando se parecen tanto a ti. Sin embargo, conocer las respuestas al trauma puede ayudar a que nos demos cuenta de que nuestros síntomas no nos definen, y que estos a menudo son un grito de socorro de nuestros niños internos heridos.

Eric Gentry, experto en estrés traumático, afirma que percibimos una amenaza donde no la hay en función del aprendizaje de un pasado doloroso (Gentry, 2022). Nuestro aprendizaje del pasado doloroso (las experiencias traumáticas de la infancia) hace que percibamos una amenaza que no existe (esos aspectos marcados tan molestos) y cambiemos de marcha en respuesta (respuestas al trauma). Por eso puede que estés a salvo y aun así experimentes una respuesta al trauma. Y, por eso, aunque tu experiencia traumática ocurriera hace treinta años, sigues sufriendo los síntomas que te causó entonces. Piensa que es tu niño interior herido pidiendo ayuda porque algo en la situación actual le recuerda al dolor de esa situación pasada, aunque no sea exactamente la misma.

La historia de Brené

Esta historia no es de una paciente, sino de una autora de prestigio, investigadora y maravillosa persona: Brené Brown. En su libro *Los dones de la imperfección*, Brené cuenta que en una ocasión la invitaron a un colegio público de primaria para hablar con los padres sobre implicación, ya que era experta en relaciones, conexión y autenticidad. Recuerda que notó de inmediato que algo no iba bien. Tras preguntar a la directora y no recibir ninguna explicación, atribuyó la culpa a los nervios. Durante la presentación de la directora, Brené intentó «contener las ganas de vomitar y convencerse a sí misma de no salir corriendo». El tono de la directora hacia los padres era desagradable y casi agresivo, y Brené menciona en retrospectiva que debería haber dicho algo, pero no lo hizo. Los padres se mostraron poco receptivos a su mensaje y uno en particular fue extremadamente disruptivo. Brené explica que intentó por todos los medios impresionar a ese padre, mostrándose animada y locuaz, pero sin éxito. En cuanto la conferencia acabó, se marchó a toda prisa con la cabeza agachada hasta el coche para salir de allí lo antes posible. Describe que tenía el rostro caliente, el corazón acelerado, pensamientos intrusivos, visión tubular y la boca seca, y que sentía que el tiempo pasaba lento (Brown, 2010).

¿Las ves? ¿Reconoces las respuestas al trauma? Brené Brown, la reina indiscutible de la autenticidad, estaba cambiando de marchas y experimentando respuestas al trauma como la adulación y la huida.

No podemos saber con certeza qué experiencias pasadas dolorosas de Brené pudieron haber influido en su reacción ante la situación, pero nos identificamos, ¿verdad? Imagínate en su lugar. ¿Cómo te harían sentir las miradas fulminantes, los gritos, la actitud defensiva y la indiferencia de la gente? ¿Incómoda? ¿Incompetente? ¿Rechazada? ¿Te sentirías humillada, a la defensiva, indignada o avergonzada? Piensa en momentos de tu vida en los que hayas experimentado esos sentimientos. ¿Son recuerdos dolorosos? Así es como una situación aparentemente inofensiva puede provocarnos una respuesta al trauma y hacer que experimentemos los síntomas asociados.

¿Cuándo fue la última vez que tuviste una respuesta al trauma? ¿Cuáles fueron los desencadenantes, cómo respondiste y qué síntomas tuviste? ¿A qué recuerdos se vinculan esos detonantes? Si seguimos la pista de nuestros síntomas actuales para volver al origen de nuestro dolor, encontraremos allí a nuestros niños internos heridos, esperándonos, ansiosos y dispuestos a sanar.

Conclusiones

- Tenemos un magnífico sistema de alarma integrado que nos hace cambiar de marcha al instante, sin pedirnos permiso, para mantenernos a salvo. No es el enemigo y no queremos desactivarlo. Nuestro objetivo es comprenderlo y controlarlo.
- Existen seis tipos de respuestas al trauma (rebaño, congelación, huida, lucha, adulación y colapso). Quizá tengamos una respuesta al trauma por defecto o que llevemos tanto tiempo experimentando respuestas al trauma que consideremos que los síntomas son normales.
- Reencontrarnos con aspectos de experiencias traumáticas pasadas puede desencadenar una respuesta al trauma, aunque estemos a salvo.
- Incluso Brené Brown experimenta respuestas al trauma, así que hay esperanza para todos.

Preguntas para reflexionar

- ¿Con qué respuesta o respuestas al trauma te identificas?
- ¿Cómo sabes en qué marcha estás? ¿En cuál de ellas sientes que te encuentras la mayor parte del tiempo? Describe con detalle cada marcha, incluyendo el punto muerto.
- ¿Qué síntomas de la respuesta al trauma pensabas que eran parte de tu personalidad, pero ahora ves que no lo son? ¿Qué mensaje quieres darte ahora que te das cuenta de la verdad?

SEGUNDA PARTE

Los niños internos heridos

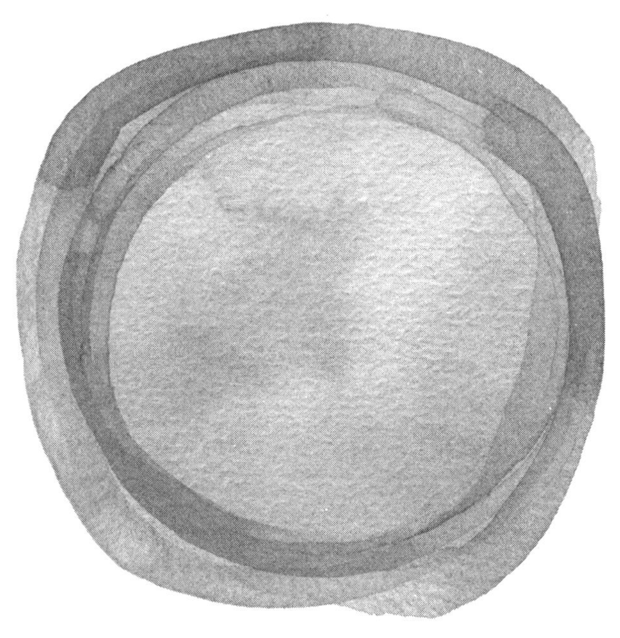

5

LAS ETAPAS: EL ORIGEN DE TUS NIÑOS INTERNOS HERIDOS

Las personas invierten mucho tiempo y dinero analizando *qué* les pasó, lo cual es crucial para la sanación. Pero muy a menudo se pasa por alto *cuándo* sucedió, lo que nos hace perder información vital para la curación. Esto aplica sobre todo al lidiar con traumas infantiles. Así que exploremos cuándo tuvo lugar el suceso y cómo ese momento influyó en el impacto que nos dejó. Este paso proporciona la información necesaria para identificar a niños internos heridos específicos y empezar a conocerlos.

Nuestra infancia a menudo es borrosa: recuerdos vagos y otros dolorosamente nítidos que se entremezclan como un ovillo de lana enmarañado, y esto complica la identificación y el procesamiento de experiencias amargas del pasado. Sin embargo, compartimentar nuestra infancia en bloques de tiempo proporciona una estructura que contextualiza los recuerdos turbios y desenreda los nudos confusos. Estos bloques de tiempo que vamos a utilizar se denominan «las etapas del desarrollo de Erikson». Erik Erikson fue un psicoanalista estadounidense que dedicó su vida a investigar el desarrollo infantil. Su obra se convirtió en una guía para comprender cómo los factores biológicos, psicológicos y sociales influyen en nuestra evolución a lo largo de la vida (Erikson, 1994). Erikson estableció ocho etapas que describen nuestro desarrollo desde el nacimiento hasta la muerte, aunque solo analizaremos las cinco primeras, que son las que se centran en la infancia.

Las etapas del desarrollo

El desarrollo es nuestra progresión mental, emocional y física a medida que crecemos y envejecemos. Las etapas de Erikson, categorizadas por tramos de edad, identifican la evolución que se produce en cada una. Por ejemplo, el desarrollo mental implica la formación de creencias, el desarrollo emocional conlleva la expresión de sentimientos de maneras apropiadas para la edad y el desarrollo físico comporta aprender a caminar. Las etapas también ponen en relieve qué influye en nuestro desarrollo, para bien o para mal. Las influencias positivas y adecuadas nos ayudan a superar con éxito esa etapa. Al hacerlo, desarrollamos una virtud (o fortaleza). Las influencias negativas o deficientes interfieren en nuestro progreso en esa etapa. Como resultado, desarrollamos un rasgo desadaptativo (una forma de lidiar con lo que nos falta). Cada etapa está marcada por un hecho significativo que experimentamos y una pregunta general que nos planteamos. Cuando todo marcha bien, vamos evolucionando a través de esas etapas, desarrollando virtudes sólidas, creencias saludables y un claro sentido de la identidad. Sin embargo, cuando las circunstancias de la vida, los factores ambientales y las deficiencias de nuestros cuidadores impactan negativamente en las etapas, nuestra evolución se interrumpe, desarrollamos rasgos desadaptativos y creencias negativas, y la percepción de quiénes somos se ve dañada. Veamos un desglose de cada una.

La primera etapa transcurre desde el nacimiento hasta los dieciocho meses y se denomina «confianza vs. desconfianza». El desarrollo que se produce en esta etapa es la confianza en los demás y en que nuestras necesidades serán satisfechas. Nos preguntamos: «¿Puedo confiar en que otros atenderán mis necesidades?». Esta pregunta se responde cuando nuestros cuidadores efectivamente lo hacen. El hecho que lo refleja es la alimentación. Si nuestras necesidades se satisfacen con constancia y regularidad, desarrollaremos un sentido de esperanza en nuestro interior (la virtud deseada). Reforzamos la confianza y la sensación de seguridad. Pero, si nuestras necesidades no se satisfacen o se satisfacen de forma irregular, nos volvemos desconfiados y nos retraemos. Este es el rasgo desadaptativo que desarrollamos para lidiar con el miedo a que no se atiendan nuestras necesidades y la sensación de que el mundo es inseguro y de que no se puede confiar en las personas.

La segunda etapa va de los dieciocho meses a los tres años y se llama «autonomía vs. vergüenza y duda». El desarrollo que tiene lugar aquí es la sensación de independencia y autonomía. Nos preguntamos: «¿Puedo hacer las cosas solo?». Lo averiguamos aprendiendo a controlar los esfínteres, a vestirnos sin ayuda y a jugar con juguetes. Si nos ceden el espacio, la seguridad y el control para responder afirmativamente a esta pregunta, desarrollaremos la virtud de la voluntad (piensa en un niño muy resuelto). Pero, si no se nos permite cierta libertad o se nos regaña o critica constantemente por nuestras acciones, desarrollaremos el rasgo desadaptativo de la compulsión.

Nos portaremos mal, no seguiremos las instrucciones y sentiremos la necesidad de rebelarnos. También empezamos a sentir vergüenza, una sensación lacerante de que algo anda mal en nosotros.

La tercera etapa es la de «iniciativa vs. culpa» y se desarrolla entre los tres y los cinco años. Aquí pasamos de ejercer el control sobre nuestro cuerpo a ejercerlo sobre nuestro entorno. Lo hacemos principalmente a través del juego interactivo, como elegir el juego, decirles a los demás qué hacer y pelearnos por los juguetes. Nos preguntamos: «¿Soy bueno o malo?». Cuando nuestros cuidadores establecen límites claros de seguridad, nos enseñan comportamientos apropiados y nos empoderan, desarrollamos la virtud del propósito. Nos sentimos capaces y tenemos un sentido de propósito en el núcleo familiar. Si crecemos en un entorno controlador y estricto, o si nos castigan con frecuencia por nuestros intentos de expandirnos, desarrollamos el rasgo desadaptativo de la inhibición. Sentimos culpa por nuestra forma de actuar y cohibimos nuestro deseo de expresarnos.

La cuarta etapa se denomina «laboriosidad vs. inferioridad» y abarca aproximadamente desde los cinco hasta los trece años. Durante esta etapa, desarrollamos el sentido de orgullo por nuestras habilidades y logros. Esto se consigue principalmente a través de las interacciones sociales con los compañeros de clase o mediante las actividades extracurriculares. Nos preguntamos: «¿Cómo puedo mejorar?». El éxito en esta etapa desarrolla la competencia, la confianza en nuestras habilidades y la capacidad para desempeñar tareas. Sin embargo, si no logramos desarrollar estas competencias o experimentamos una alteración importante en nuestra vida, podemos desarrollar la pasividad como rasgo desadaptativo. Dudamos de nuestra capacidad para tener éxito y dejamos de intentarlo.

La etapa final de la infancia, la quinta, transcurre entre los trece y los veinte años aproximadamente y se denomina «identidad vs. confusión de roles». Durante este periodo completamos nuestro sentido del yo (hablaremos más sobre esto en el próximo capítulo) y desarrollamos un sentido de identidad personal. Esto se logra a través de las relaciones sociales, en particular con los compañeros. Nos preguntamos: «¿Quién soy yo?». Si se nos da el espacio y la libertad para responder a esta pregunta positivamente, desarrollaremos la virtud de la fidelidad: ser fieles a quienes somos. Sin embargo, si nos vemos obligados a conformarnos, nos avergüenzan o nos juzgan por quienes somos, o nos marginan, desarrollaremos el rasgo desadaptativo del rechazo. Nos repudiaremos a nosotros mismos, negaremos quienes somos y nos volveremos inseguros.

Comprobando

¿Cómo te sientes después de conocer las distintas etapas? Presta atención a los recuerdos que surgen o a las experiencias que recuerdas. Repasar nuestra infancia a través de la lente que propone Erikson puede generar preguntas sobre por qué somos como somos. Quizá siempre has sentido vergüenza, creyendo que eres antipático. Pero ¿cómo fueron tu segunda y tu tercera etapa? ¿Te animaron a expresar tus emociones y te felicitaron por tu esfuerzo? Entonces quizá no seas antipático por naturaleza; tal vez se produjo un daño en tu desarrollo y aún estás sufriendo. Comprender lo que nos afectó en cada etapa nos permite vernos desde una perspectiva más compasiva. Lo que pensábamos que eran rasgos de personalidad, ahora nos damos cuenta de que son rasgos desadaptativos. ¿Y si los aspectos por los que más te juzgas fueran solo heridas que necesitan cerrarse? ¿Y si existiera una forma de revisitar esas etapas para completar el desarrollo de manera que tus rasgos desadaptativos se disipen y tus virtudes comiencen a brillar?

Las etapas y los niños internos heridos

Las etapas contribuyen a delimitar cuándo sucedió algo para que puedas entender mejor cómo te impactó esa experiencia. Localizar estas vivencias en cada etapa también te da pistas sobre tus niños internos heridos (NIH), que siguen atrapados en ella, paralizados y necesitados de reeducación. En lugar de simplemente tener heridas de la infancia, ahora puedes distinguir NIH concretos. Tu yo de cuatro años, al que le chiflan los plátanos y que odia la hora del baño, se esfuerza al máximo por portarse bien por miedo a que le peguen. Tu yo de nueve años, que está cambiando los dientes y tiene fijación con Barbie, llora porque los niños de su clase fueron despiadados. Tu yo de dieciséis años finge que le gusta el deporte y las fiestas para no tener que enfrentarse al tormento del rechazo y el ridículo. Ya no es solo un recuerdo doloroso, sino un niño herido que has detectado dentro de ti. Un NIH que está muy vivo, que sufre y que necesita tu ayuda para dejar de hacerlo.

Ten presente que hay varios factores que afectan a tus etapas de desarrollo. Las influencias culturales, las normas sociales, los roles de género, el orden de nacimiento, el estatus social y el acceso a los recursos juegan un papel trascendental en el desarrollo infantil. Quizá viviste un traslado forzoso o una mudanza; o sufriste la pérdida de un ser querido; o tuviste un accidente trágico que no fue culpa de nadie. O tal vez tenías unos cuidadores con muy buena disposición y que te quisieron mucho pero que, debido a sus propios traumas no sanados o a las circunstancias de su vida, no pudieron satisfacer tus necesidades, y la brecha entre tus necesidades y lo que podían darte afectó a tu desarrollo. Si esta es la razón por el que te cuesta validar a tus NIH, recuerda esta frase: el impacto prima sobre la intención. Significa que, cuando hablamos de sanar, el impacto que tiene una acción es más importante que la intención que hay detrás de ella. Nuestros NIH no proceden solo del maltrato intencional o de la negligencia deliberada. Los NIH que nacen de las experiencias dolorosas involuntarias son igual de reales y merecen ser reconocidos.

Por otro lado, a veces oscilamos como un péndulo entre la invalidación de nuestras heridas y la sensación de que estamos demonizando o culpando a quienes nos hirieron. Entender que una acción concreta de una persona concreta te hirió de una forma concreta no significa que la estés demonizando. Explicar cómo impactaron en tu desarrollo las acciones de otra persona no es lo mismo que culparla. A veces, nuestros NIH están enfadados por cómo los trataron y necesitan que ratifiquemos su perspectiva y su dolor. Sentir que culpamos a los demás puede frenarnos a la hora de validar nuestras experiencias, lo que impide la sanación. Nuestra capacidad para desarrollarnos con éxito durante la infancia depende casi por completo del comportamiento y de las decisiones de quienes nos cuidaron, sobre todo en las tres primeras etapas.

Asumamos esa verdad sin sentir que culpamos a otros para demonizarlos, de modo que podamos escuchar lo que nuestros niños internos heridos tienen que decir.

Por último, si sientes que reconocer a tus NIH significa que estás obligado a enfrentarte a la persona que los hirió, recuerda que esta tarea es solo de tú a tú. A veces, las personas deciden enfrentarse a quienes los dañaron, pero no siempre es posible ni seguro. Tampoco es imprescindible para sanar. Puedes hacer esta tarea en privado y a tu propio ritmo. Lo importante es dejar que tus NIH te digan qué los lastimó y entender cómo te impactó el *cuándo*. Así que, cuando te sientas con fuerzas, repasa las etapas de desarrollo y evalúa cómo te fue. ¿Qué etapas se vieron afectadas negativamente? ¿En qué etapas viven tus NIH? ¿Qué fortalezas quieres desarrollar y qué rasgos desadaptativos estás dispuesto a sanar?

La historia de Lark

Lark llevaba décadas yendo a terapia de forma esporádica. Era muy inteligente y segura de sí misma, pero no conseguía aliviar un intenso sufrimiento emocional que le ocasionaba problemas físicos. A pesar de la negligencia y el maltrato continuo que sufrió durante toda la infancia, sus recuerdos se mantenían sorprendentemente intactos. Esto hizo que el proceso de identificar a sus niñas internas heridas fuera más sencillo pero apabullante. Lark no sabía por dónde empezar. Las etapas del desarrollo le proporcionaron una organización que le ayudó a ver a sus NIH con claridad. En lugar de revivir los recuerdos dolorosos una y otra vez, Lark utilizó las etapas para explorar cómo le impactaron las vivencias de su niñez.

Estableció conexiones entre los rasgos desadaptativos que poseía y las experiencias que los originaron. Al final, logró aceptar el hecho de que solo porque sus padres «lo hicieron lo mejor que pudieron» no significaba que sus decisiones no le afectaran. Lark empezó a recuperarse del impacto de sus experiencias porque finalmente reconoció las heridas que las causaron.

Por primera vez, Lark sintió esperanza. No podía hacer nada con respecto a lo que la había herido, pero sí en relación a cómo seguía sufriendo. Lark repasó cada etapa, validando y reeducando a sus NIH hacia la plenitud mediante la autocompasión, la paciencia y la seguridad. Y, adivina, las virtudes de cada etapa comenzaron a aflorar en su interior. Sus respuestas a las preguntas de cada fase cambiaron y le aportaron alivio, paz y amor propio. También experimentó una reducción de los síntomas emocionales y físicos, tanto que su salud mejoró significativamente.

Conclusiones

- El *cuándo* de una experiencia traumática infantil es importante porque impacta en nuestro desarrollo.
- Hay cinco etapas del desarrollo, desde el nacimiento hasta la edad adulta. El éxito en cada etapa desarrolla una virtud. Las etapas afectadas pueden perjudicar el desarrollo y generar rasgos desadaptativos. Es posible sanar estos rasgos y desarrollar las virtudes.
- Podemos usar las etapas para identificar a nuestros niños internos heridos y validar sus experiencias, perspectivas y dolor sin culpar ni demonizar a nadie.

Preguntas para reflexionar

- ¿Cuáles de tus etapas se vieron afectadas positivamente y cuáles negativamente? ¿Por qué?
- ¿Qué virtudes y qué rasgos desadaptativos ves en ti?
- ¿Has invalidado alguna experiencia dolorosa porque no hubo mala intención?

6

EL SENTIDO DEL YO: CÓMO TE CAMBIARON LAS EXPERIENCIAS DE LA INFANCIA

Cuando escuchas la expresión «sentido del yo», ¿qué es lo primero que te viene a la mente? ¿Tiene que ver con rasgos de personalidad o con características? Quizá pienses en alguien desenvuelto y seguro de sí mismo. Si es así, vas por buen camino. El concepto de sentido del yo tiene algunos matices y a menudo no nos preocupamos por saber qué es y cómo se desarrolla. Sin embargo, comprender su significado y evaluar el tuyo es una parte integral de tu proceso de sanación. Trabajar el concepto que tienes de ti mismo te empoderará para reeducar con mayor efectividad a tus niños internos heridos y hará que tu verdadero yo aflore plenamente.

La Asociación Americana de Psicología define el sentido del yo como «el sentimiento de identidad, individualidad y autodeterminación de un individuo» (*Diccionario de psicología de la APA*, *s. v.* «sentido del yo»). A veces se habla de él como nuestro autoconcepto, que es nuestra capacidad para describir y evaluar nuestras características, rasgos, habilidades, roles, etc. (*Diccionario de psicología de la APA*, *s. v.* «autoconcepto»). En esencia, se trata de nuestro sentido de identidad. Es importante comprender que nuestro sentido del yo no se limita a las características que nos conforman, sino a la consciencia de esas características. Esta diferencia puede parecer insignificante, pero es crucial apreciarla. Si no lo hacemos, perderemos el enfoque.

Reflexiona sobre esta pregunta:

¿Eres realmente consciente de lo que te hace ser tú?

No, no me refiero a tu puesto de trabajo, ni a tu rol de «mamá» o «papá», ni a quién representas para los demás. ¿Puedes describir con asertividad los factores que te hacen ser quien eres? Los valores, creencias, perspectivas, actitudes, peculiaridades y características que son exclusivos de ti. No los que has asumido de otros, ni los que adoptas a modo de máscara para encajar, ni los síntomas residuales de heridas. ¿Estás totalmente seguro de que sabes quién eres, quién has sido y quién serás? ¿Eres capaz de responder a estas preguntas sin dudar ni cuestionarte? Si tienes plena consciencia de quién eres y lo tienes completamente definido, puedes saltarte este capítulo sin vacilar. Pero, si no, te animo a seguir leyendo.

En el capítulo anterior, exploramos las etapas de desarrollo de Erikson y la idea de que el *cuándo* de los acontecimientos ocurridos tenía un impacto en nuestro desarrollo, lo cual influía en quienes éramos y quizá todavía hoy en quienes somos. De igual manera, las experiencias que tuvimos durante nuestra infancia influyeron en nuestro concepto del yo. De hecho, nuestras experiencias infantiles ostentan un papel tan importante en nuestro sentido del yo que Erikson creía que gran parte de nuestra identidad se forjaba en la quinta etapa, la última fase del desarrollo infantil (Erikson,

1994). Así que volvamos a nuestro pasado, esta vez a través de la lente de nuestro sentido del yo. Pero antes quiero darte una buena noticia: nuestros defectos no nos obligan ni nos retienen. Si estás perdiendo el ánimo porque has visto áreas heridas o debilitadas, o porque estás pensando: «¡No tengo ni idea de quién soy!», quiero que respires hondo, que confíes en ti y que recuerdes que somos seres moldeables y adaptables capaces de transformarnos prodigiosamente, de sanar en profundidad y de autogestionar nuestro desarrollo...

¡La historia de quién eres
aún no ha terminado!

Los seis factores

Tu sentido del yo está formado por seis factores. Piensa que eres una casa y que ellos son la estructura. El contenido es toda la decoración que te define: tus creencias, valores, opiniones, perspectivas, pasiones, aficiones, intereses, etc. El interior de tu casa depende de la firmeza de ese armazón —los seis factores—. A continuación, los veremos todos en detalle, cómo se definen y ejemplos de cuándo un factor es fuerte o débil:

- **AGENCIA:** sentido de autocontrol.
  ✓ **Cuando es fuerte:** eres consciente de que tus pensamientos, emociones y actos nacen de ti.
  ✓ **Cuando es débil:** sientes que tus creencias, sentimientos o elecciones son impostados.

- **CONTINUIDAD:** la homogeneidad de las características esenciales en el tiempo.
    - ✓ **Cuando es fuerte:** tu identidad se mantiene constante a lo largo del tiempo.
    - ✓ **Cuando es débil:** sientes que cambias según con quién estás.

- **COHERENCIA:** ser una persona íntegra y congruente.
    - ✓ **Cuando es fuerte:** sabes quién eres como individuo único y genuino.
    - ✓ **Cuando es débil:** te sientes hueco, confundido, inauténtico.

- **INTEGRIDAD:** te sientes pleno y digno.
    - ✓ **Cuando es fuerte:** te sientes completo, independientemente de las relaciones externas.
    - ✓ **Cuando es débil:** te sientes vacío, insustancial, sobre todo sin la presencia de relaciones externas.

- **AUTENTICIDAD:** sabes quién eres y te aceptas incondicionalmente.
    - ✓ **Cuando es fuerte:** te sientes cómodo mostrándote como eres.
    - ✓ **Cuando es débil:** sientes que te ocultas tras una máscara, que eres un farsante o que estás interpretando un papel en la vida.

- **VITALIDAD:** un estado de bienestar, energía y vigor.
  - ✓ **Cuando es fuerte:** por lo general te sientes vivo, presente y con ganas de vivir.
  - ✓ **Cuando es débil:** te sientes siempre deprimido o muerto por dentro.

Te propongo que hagas una pausa y puntúes cada factor en una escala del 1 al 10, donde 1 significa que ese factor no te define en absoluto y 10 es que te sientes totalmente identificado. Revisa la lista. ¿Qué factores son más altos? ¿Qué factores son más bajos? ¿Cuáles te resultan confusos o desconcertantes? Ahora pregúntate el porqué. ¿Por qué un factor es bajo y otro es alto? ¿Por qué tienes claros algunos y otros te desconciertan? Cuando estés listo para el siguiente paso, permítete reflexionar sobre las vivencias de tu infancia que influyen en tus puntuaciones. Presta especial atención a los factores que estén por debajo de un 6. Puede ser especialmente útil revisar las etapas de desarrollo y meditar sobre las experiencias que tuviste, cómo te trataron en esa etapa y cómo pudieron haber influido en tu sentido del yo. Por ejemplo, si te crio un padre narcisista que insistía en que tenías que hacerlo sentir orgulloso, para lucirse, y tu identidad no era más que una extensión de él, es posible que tu sentido de autenticidad nunca haya tenido oportunidad de desarrollarse. O tal vez sentías que debías cambiar constantemente (tus intereses, aficiones, pasiones, etc.) para sentirte aceptado por tus seres queridos. ¿En qué medida afectó esto a tu sentido de continuidad?

Si dudas sobre si tus respuestas son «correctas», recuerda que no hay respuestas erróneas y que esa duda podría indicar que tu sentido de la coherencia está alterado. ¡Ya tienes el punto de partida! Entender las fortalezas y las debilidades de tu sentido del yo supone una valiosa reflexión sobre ti mismo. Este tipo de trabajo preliminar compasivo y autorreflexivo nos ayuda a saber en qué centrarnos, por dónde queremos empezar o qué es lo más importante que debemos identificar en nuestro viaje a la sanación.

Ahora bien, si estás pensando algo como «¡Vaya, soy un desecho humano!», quiero que leas atentamente las siguientes frases:

- En primer lugar, no, no eres un desecho humano. Di EN VOZ ALTA: «No soy un desecho humano». Repítelo.

- En segundo lugar, recuerda que, ante todo, estamos practicando la autocompasión. Así que di EN VOZ ALTA: «Merezco compasión y me la doy ahora». Una vez más, repítelo.

- Por último, es importante reconocer que el desarrollo de nuestro autoconcepto es un fenómeno natural y que tiende a desarrollarse adecuadamente salvo que se vea interrumpido por traumas o negligencias. Si sientes que tu sentido del yo está dañado, no significa que *tú* tengas algún problema, sino que algo te ocurrió *a ti*. Así que di EN VOZ ALTA: «No es personal, es circunstancial». Ya sabes cómo va el ejercicio: repítelo.

Un artículo de 2020 revisó las publicaciones sobre el concepto del sentido del yo y lo que dice la investigación al respecto. No es sorprendente que el trauma, el abuso y la negligencia en la etapa evolutiva tengan un impacto terrible en la merma de esos seis factores y, por lo tanto, en la persona en que nos convertimos (Basten y

Touyz, 2020). La investigación también muestra que un sentido del yo distorsionado es un factor de riesgo para diagnósticos como el trastorno limítrofe de la personalidad, el trastorno narcisista de la personalidad, los trastornos disociativos, los trastornos de la conducta alimentaria y la depresión crónica. Los pacientes que acudían a la consulta afectados por un sentido del yo distorsionado solían presentar también:

- Temor y desconfianza hacia los demás.
- Un deseo crónico de abstraerse o de aislarse.
- Sentimiento de vergüenza, remordimiento, inseguridad y autoculpa.
- Una profunda convicción de que los demás son mejores que ellos o de que ellos son menos valiosos que los demás.
- Conflicto con la pasividad y la evasión, y miedo a la confrontación o al enfrentamiento.
- Miedo a las experiencias nuevas, abandono frecuente de aficiones o hábitos.
- Duda acerca de sus capacidades y tendencia a ignorar sus logros porque nada es lo bastante bueno.
- Actitud «camaleónica» al adoptar la personalidad de quienes los rodean para ser aceptados.
- Apegos inseguros y relaciones poco saludables.
- Codependencia crónica de las relaciones y propensión a dejarse manipular.
- Sentimiento de crecimiento personal atrofiado o bloqueado.

- Sentimiento de confusión sobre su propósito o sentimiento de falta de propósito.
- Sensación de estar perdido en la vida, de desesperanza o abatimiento.
- Creencia de que hay algo malo inherente a ellos o de que están «rotos».

Si estás pensando: «¿Entonces todos tenemos el sentido del yo afectado?», no eres el único y estás en lo cierto. Hay personas que se desenvuelven con mayor facilidad y otras que encuentran un bache tras otro. Pero nadie sale indemne de esta vida. Las experiencias que vivimos nos afectan, las situaciones que atravesamos nos moldean y nuestra crianza nos programa para bien o para mal. Pero, aunque estas adversidades pueden ser crueles, nuestras experiencias vitales no son el problema en lo que se refiere a nuestro sentido del yo. El problema es que seguimos sufriendo los síntomas de un sentido del yo distorsionado porque confundimos esos síntomas con rasgos de personalidad, como aspectos inherentes de quienes somos. Pensamos: «Así es como soy» y, en consecuencia, nos revolcamos en el autodesprecio, el juicio, la desesperación y el dolor. En lugar de eso, cambiaremos nuestro pensamiento para que refleje la verdad. Vamos a decir: «Mi sentido del yo se vio afectado por mis experiencias y por eso he estado sufriendo estos síntomas. ¡Pero eso se va a acabar!». Esta reformulación aporta alivio, abre el camino a la autocompasión y nos da esperanza. Es tan reconfortante dejar atrás el «Así es como soy» y entrar en el universo del «Así era yo antes, ¡y estoy deseando ver en quién me voy a convertir a partir de ahora!». Es tan liberador cuando por fin entendemos que «no soy un cobarde que no sabe defenderse, sino que mi capacidad de actuar se vio afectada porque sufrí acoso». Visualizar el intervalo entre dónde está y dónde queremos que esté nuestro sentido del yo nos brinda el plan de acción para reeducarnos. Dado que buena parte de tu sentido del yo se vio influenciado por cómo te trataron tus cuidadores, imagina cuánto sanarás, crecerás y prosperarás cuando finalmente te des cuenta de lo que necesitas para mejorar el concepto que tienes de ti. Saber cuál es nuestro objetivo nos devuelve la esperanza de que las cosas pueden cambiar, y esa esperanza la sienten todos y cada uno de tus niños internos heridos.

¿Notas su emoción?

La historia de Lily

Lily era una de las pacientes con más conciencia de sí misma que había conocido. Estaba estudiando un posgrado para ser terapeuta, así que no había nada que yo pudiese decirle que ella no supiera ya. Tenía respuestas para todos los porqués y paraqués. El problema era que no cambiaba nada, y que sufría una ansiedad debilitante, episodios de una depresión y una sensación de intranquilidad. Trabajamos juntas muchos meses antes de que se decidiera a hablar de su infancia. Ya me había contado sus traumas con «T», los que (en su opinión) eran los culpables de todos sus síntomas. Cuando le preguntaba por su vida cotidiana de niña y por la relación con sus padres, la respuesta siempre era la misma: «Todo bien».

Un día, Lily mencionó de pasada que se sentía insegura como madre porque su hija estaba entrando en la adolescencia y no sabía cómo orientarla. Esto dio pie a una conversación sobre su propia adolescencia. Lily me dijo que transcurrió sin incidentes porque estaba prácticamente sola. Cuando tenía trece años, su madre viajaba mucho por trabajo (más tarde supo que eso significaba tener una aventura) y entonces su padre se ausentaba durante semanas. Así que estaba sola casi siempre. Era responsable de ir y volver al instituto, a las actividades extraescolares y a los eventos, además de ocuparse de las tareas domésticas y de cuidar de sí misma. Vivía con miedo de que la gente se enterara, así que ocultaba su vulnerabilidad y mentía sobre su situación. También tenía un trastorno alimentario, sufría estrés postraumático grave a causa de una agresión sexual y consumía sustancias para sobrellevarlo.

Me quedé sin habla, boquiabierta, tanto que ella se detuvo y empezó a reflexionar, y así comenzó el proceso de ir retirando poco a poco las capas del sentido del yo de Lily. Lo que Lily consideraba que eran respuestas basadas en el autoconocimiento no eran más que evasivas. Se dio cuenta de que todo el autoodio y la vergüenza que sentía por quién creía ser eran síntomas de una autoestima dañada. Una percepción individual afectada en todos los factores, de muchas formas y durante largos años. A medida que Lily iba conectando sus experiencias de entonces con quién era en el momento actual, la vergüenza, la culpa, el autodesprecio, la autocrítica y los sentimientos de desesperanza fueron desapareciendo uno tras otro. No estaba deprimida sin motivo; le faltaba vitalidad porque había estado viviendo atrapada en modo de supervivencia durante décadas. Tampoco era hiperindependiente ni inflexible; poseía un fuerte sentido de la autonomía por haber tenido que apañárselas sola durante la mayor parte de su infancia. Trataba de compensar en exceso ciertos aspectos que habían sido dañados. Lily trabajó para reeducar a sus niñas internas heridas, enfocándose en fortalecer los factores de su sentido del yo que no tuvo la oportunidad de desarrollar. Esto le aportó estabilidad y armonía a la percepción de sí misma y, en consecuencia, claridad y amor por la persona que era ahora, y también entusiasmo y esperanza por la persona en la que se estaba convirtiendo.

Conclusiones

- Tu sentido del yo se compone de seis factores que son como los pilares que aguantan la estructura de una casa, en cuyo interior se encuentran todos los pequeños detalles que te definen. Ser consciente de estos factores y detalles es clave.
- Sin que puedas evitarlo, tu percepción individual se ve afectada por todas las experiencias que vives, especialmente en la infancia. De adultos, pensamos: «Así es como soy», pero, a medida que sanamos las heridas de la infancia, nuestro autoconcepto se fortalece.
- Saber que tú no eres tus síntomas y que albergas en tu interior el poder de transformarte en el que es tu verdadero yo te aporta esperanza y alivio, y también una sensación de seguridad y de liberación ¡que revitaliza por completo tu entusiasmo por la vida!

Preguntas para reflexionar

- Haz una lista (no importa lo larga que sea) de todas las características que consideras que te definen. ¿Cuáles crees que podrían ser síntomas de un sentido del yo distorsionado y no un rasgo inherente a la personalidad? Rodéalas para no olvidarlas.
- ¿Por cuál de los seis factores (agencia, continuidad, coherencia, integridad, autenticidad y vitalidad) sientes que necesitas empezar a trabajar? ¿Por qué? (Puedes repasarlas en las páginas 103-105).

- Cierra los ojos e imagina una versión de ti con una percepción individual fortalecida y sanada. ¿Cómo es esa versión? ¿Qué ha cambiado? ¿Qué sientes al contemplarla?

7

LOS NIH: IDENTIFICA A TUS NIÑOS INTERNOS HERIDOS

Hemos dedicado los seis capítulos previos a conocer la verdad sobre qué nos hiere (el trauma y el abuso), a entender la importancia de cuándo nos hieren (las etapas de desarrollo) y a interpretar cómo nos impacta esa herida (las respuestas al trauma y el sentido del yo). Has atravesado con audacia una de las partes más complicadas del proceso de reparentación sin ni siquiera saberlo. El siguiente paso es conectar todos esos puntos para obtener una imagen clara de nuestros niños internos heridos, y ese es el propósito de este capítulo.

Al igual que en cualquier relación, no darías consejos ni intentarías ayudar sin conocer antes a la persona, saber qué necesita y cómo respondería. Lo mismo ocurre al trabajar con nuestros niños internos heridos: antes de comenzar a reeducarlos, necesitamos conocerlos. Es importante dedicar el tiempo adecuado a recopilar datos sobre ellos para decidir cuál es la mejor manera de recriarlos y ayudarlos a cerrar sus heridas. Hay que empezar por pasar lista, es decir, debemos identificar todos los NIH que habitan dentro de nosotros que están listos para sanar. Se puede hacer de dos formas: la primera es empezar por el principio e ir avanzando, y la segunda consiste en comenzar desde donde estás ahora e ir retrocediendo. Ninguna es mejor o peor: puedes hacer una, la otra o ambas, como mejor te parezca. Recuerda: no hay una forma correcta o incorrecta de hacer este trabajo interno, y confiar siempre en ti y en tu decisión es una parte fundamental de este viaje de sanación.

Cronología de la infancia

Para la primera opción debes establecer una cronología. La idea es representar tu infancia en una línea temporal, desde tu nacimiento hasta la edad adulta. Indica cualquier experiencia adversa que recuerdes (o que te hayan contado) que sientas que te haya herido. Si hubo una etapa de tu vida en la que experimentaste estrés constante o dolor prolongado, usa una sola marca para representar ese momento. Puede ser útil emplear las etapas de desarrollo como marcadores de las diferentes experiencias o para identificar la edad que tenías. Junto a la marca, escribe una breve nota sobre ti. Por ejemplo, una marca podría decir: «A los 4 años, pérdida de un cuidador»; y otra podría ser: «Adolescencia, nunca me sentí escuchado». Puede ser todo lo general o concreto que desees. Aquí tienes un ejemplo:

Rastreo de los síntomas

La segunda opción para identificar a tus niños internos heridos implica retroceder en el tiempo en tu sintomatología, es decir, has de comenzar por los síntomas actuales y retornar hasta tu niñez. Esto es útil para quienes les cuesta recordar su infancia, tienen recuerdos vagos o desean mejorar su conexión con las sensaciones corporales. Empieza por hacer una lista de todos los síntomas que te afectan actualmente; pueden ser cualquier aspecto que sospeches que no forma parte de tu verdadero yo, o más bien una señal persistente de una herida sin sanar. También pueden ser sensaciones, actitudes o conflictos internos con los que lidias. Si ya has trabajado para reducir o aliviar algunos síntomas, pero aun así quieres comprender su origen, inclúyelos. Cuando los hayas enumerado, sigue los cinco pasos que detallo a continuación con cada síntoma, con el objetivo de identificar al niño interior herido. Si tienes muchos síntomas o te resultan abrumadores, tómatelo con calma y ve al ritmo que te sea más cómodo.

1. Respira hondo, cierra los ojos y **concéntrate** en el síntoma y en cómo se presenta en tu cuerpo. **¿Qué sientes? ¿Dónde lo localizas?**

2. **Describe con detalle en un papel** qué notas en tu cuerpo y dónde lo ubicas (agudo, intenso, en el pecho, en los hombros, etc.).

3. Pregúntate en voz alta: **«¿En qué otros momentos de mi vida he tenido estas sensaciones?».** Confía en lo que te

venga a la mente, deja que los recuerdos vuelvan a tu conciencia y sé paciente y compasivo contigo mismo. Puedes volver a este paso todas las veces que necesites.

4. **Anota los recuerdos o las percepciones que surjan.** No importa si son fragmentos muy descriptivos o es un vago recuerdo.

5. **Ubica esas experiencias en la cronología de la infancia** para que puedas hacerte una idea de las diferentes edades que tenías cuando experimentaste estos síntomas. No importa si son generales o es una estimación.

Aquí tienes un ejemplo:

1. **Síntomas que experimento:** ansiedad, miedo, a veces ira, o todo combinado.

2. **Sensaciones:** siento opresión en el pecho, dificultad para respirar y me tiemblan las manos, pero aun así me niego a llorar.

3. **Recuerdos:** he tenido estas sensaciones la mayor parte de mi vida, pero recuerdo que se repetían con frecuencia durante mi adolescencia y de noche cuando era más pequeño, quizá alrededor de los cinco años.

4. **NIH identificados:** un yo de dieciséis años enfadado y un yo de cinco años asustado.

Es importante tener en cuenta que no todos los síntomas que experimentamos se deben o están directamente relacionados con un NIH. Quizá ya sepas que algunos síntomas obedecen a otras razones. No los estamos invalidando. Este ejercicio sirve para que identifiques si tus síntomas están relacionados con un NIH, en particular esas manifestaciones molestas que llevan atormentándote tanto tiempo y que parecen no tener origen. Pero esta recopilación de datos no sirve solo para identificar NIH específicos; también es un ejercicio de autocompasión, autoconfianza y amor propio. Lo cual es crucial para el viaje de sanación. Siempre que incluyes un recuerdo del que no estás seguro, validas tu dolor. Cada momento que pasas conectando con tu experiencia interior, fortaleces la relación contigo mismo. Cuando haces una pausa y dejas el libro porque sientes que necesitas un respiro, demuestras respeto por ti.

A veces, cuando identificamos el dolor que sentimos de niños, puede ocurrir que revivamos esas emociones o sensaciones en el presente. Esto quizá te parezca aterrador o abrumador, ¡pero no te preocupes! Nada ha salido mal, no lo estás empeorando y tampoco es en vano. Recuerda que ese dolor y esas emociones han estado dentro de ti todo este tiempo. Solo te estás permitiendo conectar con esos sentimientos para poder procesarlos, liberarlos y finalmente sanarlos. Esta no suele ser la parte más agradable del camino de sanación, pero es una tarea que no se puede pasar por alto.

No podemos esquivar nuestro dolor ni saltar directamente al final. La única salida… es atravesarlo.

Así que respira hondo y sigue.

La historia de Rachael

Rachael acudió a mí por Pedro Pascal. Como millones de personas, se había dejado llevar por el movimiento «Zaddy», un término empleado para describir a Pedro como el «papi de internet». Se sentía fascinada por un hombre al que nunca había conocido. Yo había hecho unos vídeos en TikTok explicando por qué todos éramos como las polillas que van a la luz, y la chica esperaba encontrar una respuesta. Rachael era una persona popular y conocida en el mundo del fitness. Llevaba casada casi dos décadas, tenía una excelente relación con sus dos hijos y vivía una existencia que muchos elogiaban. Parecía tenerlo todo bajo control, y el único «despropósito» de su vida era su molesta obsesión con el señor Pascal. Y así fue hasta que le pregunté por su infancia.

El relato inexpresivo de una infancia desgarradora, narrado por Rachael con tanta naturalidad que parecía que estuviera hablando de lo que había cenado la noche anterior, era impactante. Una madre ausente y adicta, tan negligente que Rachael, de doce años, sintió alivio al enterarse de que había fallecido en un accidente de coche. Un padre narcisista cuya única expresión de afecto era el sarcasmo verbal disfrazado de humor. Incontables situaciones de encontrarse sola, en peligro y con depredadores. Grandes cambios en su vida, acoso escolar, paranoia, parentificación y pobreza hasta el punto de pelearse por comida eran solo la punta del iceberg de la infancia de Rachael. Ella se sintió molesta y expresó su confusión ante mis preguntas. «¿Qué tiene todo esto que ver con mi extraña fijación con Pedro?», preguntó. Con ese interrogante, iniciamos la búsqueda de sus niñas internas heridas. A través del rastreo de síntomas, comenzó a evocar recuerdos de la infancia que la ayudaron a marcar su cronología. Rachael pasó de vivir en la tierra de los NeMIND (capítulo 3) pensando que «la infancia estuvo bien» a una línea del tiempo con tantas marcas que no sabía por dónde empezar.

Con toda la información sobre el papel, vio que se repetía un patrón. Nunca hubo nadie que la protegiera, que la creyera ni que cuidara de ella. Se dio cuenta de que siempre había anhelado una figura masculina segura y fuerte que la defendiera de las tormentas de la vida. Y así llegamos a Pedro Pascal. Rachael vio que sus NIH seguían asustadas, sintiéndose solas, indefensas y desesperadas. Eran ellas las que miraban a Pedro con añoranza, como la figura paterna que nunca habían tenido. Cuando Rachael comenzó a reeducar a sus NIH, su mundo exterior empezó a cambiar radicalmente. Primero, su fijación con Pedro se disipó casi de la noche a la mañana. Segundo, se abrió a su esposo como nunca lo había hecho, lo que revolucionó por completo su matrimonio, brindándole la seguridad y la tranquilidad que tanto anhelaba. La intensa paranoia de Rachael, sus tendencias obsesivas, su ansiedad debilitante y sus inseguridades paralizantes se esfumaron. Se volvió segura, audaz, empoderada y atrevida. Su carrera despegó y sus relaciones mejoraron. Al reflexionar sobre su trayectoria, Rachael lo había captado a la perfección:

> Las señales siempre estuvieron ahí. Los gritos de ayuda de mis NIH, los síntomas que indicaban heridas abiertas que yo misma me había convencido de que no existían, el deseo de mi alma de sanar. Simplemente no sabía qué significaban ni

cómo interpretarlos. Nunca me habría imaginado que algo tan absurdo como estar enamorada de un famoso significara algo, pero ahora que entiendo a mis NIH, ¡me encanta reeducarlas!

Es tu turno. Piensa en todo lo que has aprendido hasta ahora y empieza a escribir. No descartes lo que te parezca simple ni ignores lo que no entiendas del todo (aún). Siente curiosidad, haz preguntas, toma notas y deja que tus NIH se asomen. Cuando los reconozcas, verás que siempre han estado ahí, intentando llamar tu atención, incluso de maneras absurdas o aparentemente sin importancia.

Conclusiones

- Puedes identificar tus NIH usando la cronología de la infancia, el rastreo de síntomas o cualquier otro método que se te ocurra. El objetivo es plasmar tu infancia en papel para ver mejor a tus NIH.
- Tus NIH siempre han estado contigo, gritando auxilio y pidiendo ser reconocidos. A veces pueden manifestarse de formas extrañas e incomprensibles. Al darte permiso para tomar conciencia, observarlo todo y validarlo, encontrarás NIH que no sabías que tenías.

Preguntas para reflexionar

- ¿De qué maneras podrían haber estado pidiendo ayuda tus NIH sin que te dieras cuenta? (Ejemplos: obsesiones, fobias, adicciones, síntomas crónicos, miedos, fantasías, etc.).
- ¿Cómo te sientes al enfrentarte a tus síntomas y rememorar tu infancia? ¡No pasa nada si notas reticencia, nervios, miedo o incomodidad! Se trata de ser honesto con uno mismo y validar los sentimientos.
- ¿Cuántos NIH has identificado? ¿Te sorprende la cifra? ¿Te abruma? ¿Te confunde? Todas las respuestas son válidas.

8

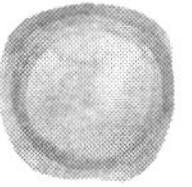

LAS PRESENTACIONES: CONOCE A TUS NIÑOS INTERNOS HERIDOS

«Todos nacemos con muchas partes, que no son ni imaginarias ni simbólicas. Son individuos que existen como una familia dentro de nosotros. La clave para nuestra salud y la felicidad es honrar, comprender y amar a cada una de esas partes».

Richard Schwartz, ***No hay partes malas***

Ahora que has completado la tarea de identificar a tus niños internos heridos, es hora de conocerlos. Es hora de escuchar lo que tienen que decir, sentir lo que sienten y comprenderlos. Este paso en el viaje de reparentación nos lleva a recorrer nuestra infancia, como si viéramos una película por segunda vez, como si nos sumergiéramos en ella. ¿Estás listo?

Si estás familiarizado con el sistema de familias internas (IFS) y el proceso de trabajar con tus partes, puede que tengas este tramo del camino recorrido. Si no es así y te interesa conocer el trabajo de las partes en profundidad, te animo a leer *No hay partes malas* de Richard Schwartz. En esencia, el IFS es una forma de psicoterapia basada en la evidencia que postula que cada persona está compuesta de partes. Estas partes se clasifican en partes protectoras (llamadas «gerentes» o «bomberos») o partes heridas (llamadas «exiliados»). El IFS favorece la sanación y la transformación al ayudar a las personas a conectar con sus partes protectoras y a liberar sus partes heridas. Estas partes no son hipotéticas ni meros aspectos nuestros. Son seres internos, con creencias, opiniones, perspectivas, personalidades... y heridas (Schwartz, 2021). *Date hoy lo que no tuviste ayer* propone que veamos a estas partes como pequeñas personas: en concreto, niños internos heridos. Ellos albergan los recuerdos, miedos, emociones e incluso el dolor físico de todas nuestras experiencias. Tienen su propia personalidad, edad, gustos y aversiones. También albergan esperanzas, sueños y deseos. Pero, sobre todo, guardan algo que decir.

Atreverse a conocerlos no es tarea fácil y, a veces, podemos tener reticencias. Si te sientes indeciso o te resistes, no pasa nada. No pretendamos que todos los aspectos del proceso de sanación nos entusiasmen. No es necesario que saltes de alegría ante la idea de conectar con la versión aterrorizada de ti a los cuatro años o con la versión adolescente salvaje. No todo el proceso de sanación es un camino de rosas. A veces duele, abruma o incomoda. Sintámonos cómodos en la incomodidad, esto es, entrégate al proceso de sanación y honra dónde estás. Para ello deberás respirar por la herida, experimentar las emociones que llevas evitando tanto tiempo y verbalizar lo que sucede en tu interior. Al principio será difícil, pero es necesario, porque este proceso conduce a una sanación profunda, a un alivio intenso, y aporta claridad sobre quién eres realmente. Así que toma aire, recuerda que «ir allí» es seguro y déjate llevar.

Minibiografías

Para entender adecuadamente la historia de una persona necesitamos contexto. Su edad, su perspectiva de la situación y lo que significó para ella son datos vitales. En el caso de nuestros NIH, una forma eficaz de recopilar esta información es elaborar minibiografías. Las minibiografías comienzan con los datos generales sobre la persona y se amplían con detalles más íntimos. Sin embargo, no es necesario seguir un orden. Podrías encontrar fragmentos de información que parezcan «fuera de lugar» en la estructura. A medida que pases tiempo con tus NIH, irán apareciendo datos que te ayudarán a completar el formulario. Lo importante es que te posiciones como una persona de confianza para que tus NIH se sientan seguros. A veces hay que reforzar esa confianza y nuestros NIH tardan en abrirse. Otras veces, parece que nuestros niños internos heridos llevan esperando una eternidad a que los reconozcamos y están ansiosos por hablar. Algunos datos que podrían ser útiles para tus minibiografías son:

NIH # 1:

Nombre/apodo: Nikki.

Edad/etapa de desarrollo: 6 años aproximadamente / Etapa 4: laboriosidad vs. inferioridad.

Experiencias: los padres tuvieron a su hermanito, su madre mantuvo una aventura extramatrimonial, los padres se divorciaron, el padre la abandonó, su madre se volvió a casar.

Creencias (sobre sí misma/los demás): «Se han olvidado de mí», «¿Por qué me abandonó papá?», «¿Qué hay de malo en mí?». Se siente insuficiente, sola e indigna de amor.

Sentimientos: miedo, confusión, dolor, pena, terror, ira, rabia, celos, inferioridad, inseguridad, desesperación, soledad.

Miedos: que su madre le haga daño, que nunca volverá a sentirse segura, que su padre se olvide de ella, a dormir sola, a la oscuridad, a los ruidos fuertes.

Necesidades insatisfechas: seguridad y protección, alguien que la abrace y la mime, alguien que juegue con ella, una rutina reconfortante antes de dormir, libertad para expresarse con naturalidad, como una niña.

Gustos/intereses: bailar, los animales, los árboles, el viento, su perro, su prima; lo que más le gusta es estar con su abuela en el jardín.

Deseos/expectativas: quiere ser el centro de atención de alguien, espera que su padre venga a rescatarla, desea vivir en el campo con su abuela, le gustaría ser bailarina, quiere ser guapa, sentir que está bien ser ella misma y mostrarse femenina.

Impacto en su sentido del yo: continuidad (cambiaba su forma de ser según con quien estaba para obtener aprobación), coherencia (creo que se disoció mucho; todo le parece borroso, confuso y vacío), autenticidad (empezó a intentar ser lo que no era para obtener aprobación).

Información adicional/reflexiones: esta etapa de desarrollo se vio gravemente afectada, y es comprensible que se volviera tan cumplidora y se centrara en obtener buenos resultados académicos. Le costaba hacer amigos, buscaba constantemente atención y la acosaban por ser «el ojito derecho» del profesor y «la sabelotodo». Intentó escaparse de casa a los siete u ocho años. El recuerdo me conmueve y me parte el corazón. Creo que estaba pasando un duelo, pero no sabía gestionarlo y tenía demasiado miedo de abrirse, así que lo interiorizó.

Este minimodelo de biografía no es definitivo ni mucho menos; puedes agregar todos los detalles y la información que desees. También puedes saltarte algunos apartados. Si ves las indicaciones y piensas: «No tengo ni idea», ¡no te preocupes! Te animo a que empieces a escribir lo que sí sabes. Cuando llegues a una entrada y no sepas qué responder, respira, plantea la pregunta en voz alta y escucha. Luego, escribe lo que te venga a la mente. No importa si no tiene sentido o no lo entiendes. Escríbelo de todos modos. Esta práctica es excelente para aprender a confiar en ti mismo y para generar confianza con tus niños internos heridos.

Ideas abstractas

Las minibiografías no son la única forma de conocer a tus niños internos heridos. Si eres más artístico, te encanta lo abstracto, piensas en imágenes o disfrutas siendo creativo, ¡prueba a hacerlo así! Estos métodos pueden ser especialmente útiles para los NIH que aún no confían del todo en ti. También hacen a veces el proceso más divertido e interesante.

Aquí tienes algunas preguntas que te ayudarán a conocer a tus niños internos heridos más abstractos:

1. ¿De qué color es mi NIH o qué colores le asocio? ¿Por qué?
2. ¿Qué forma tiene este NIH? ¿Por qué es así?
3. ¿En qué parte de mi cuerpo siento a este NIH?
4. ¿Qué sensaciones noto en mi cuerpo cuando me concentro en este NIH?
5. ¿A qué personaje (de película o de libro) me recuerda a este NIH? ¿Por qué?
6. Si este NIH mandara en mi cuerpo, ¿qué querría hacer? Por ejemplo, llorar, correr, dormir, bailar, jugar. ¿Por qué?
7. ¿A qué elemento (tierra, aire, fuego, agua) o estación del año me recuerda este NIH? ¿Por qué?

8. Si mi NIH fuera un animal, ¿cuál sería y por qué?
9. Si mi NIH tuviera una banda sonora, ¿cuál sería?
10. Si mi NIH fuera un objeto, ¿qué sería? ¿Qué me dice eso de este NIH?

Además de las preguntas, hay muchas formas divertidas y creativas de conocer mejor a tu niño interior herido. Aquí tienes algunas propuestas:

1. Dibuja o pinta tu NIH. Presta atención a los colores que utilizas, las formas que dibujas y otras elecciones.
2. Crea un tablero visual (una recopilación de imágenes) que te parezca que represente y refleje a tu NIH.
3. Pon una canción que creas que represente o suene como tu NIH y deja que tu cuerpo se mueva al ritmo de la música. Fíjate en los movimientos que haces y en las emociones que surgen.
4. Vístete como tu NIH. ¿Qué te apetece ponerte? ¿Cómo te sientes al hacerlo?
5. Pregúntale a tu NIH qué quiere hacer durante la próxima hora y, si puedes, ponlo en práctica. ¿Qué has aprendido o experimentado durante este tiempo?

Cualquiera de estas ideas (u otras que se te ocurran) son excelentes maneras de conocer a tus niños internos heridos. Si no sabes cuál elegir, escoge la que te resulte más fácil. A veces cada NIH necesita una herramienta distinta. Las propuestas más abstractas suelen funcionar bien con los NIH que son bebés o niños pequeños. Los niños internos heridos muy pequeños a menudo carecen de lenguaje e incluso puede que no tengamos recuerdos de esa etapa. Aunque sepas lo que ocurrió, ten en cuenta que este paso no es para conocer los detalles de lo que te sucedió, sino para comprender cómo piensan y cómo se sienten tus niños internos heridos. Así que, si lo único que sabes es que tienes un bebé interior herido que se siente «gris», «cargado», asustado y solo, con eso es suficiente. Dibuja o pinta eso como forma de expresión. Te sorprenderá lo que puede surgir de lo más profundo de nuestras heridas cuando nos atrevemos a sentarnos y escuchar.

La historia de Chloe

Chloe era la persona más dulce, amable y tranquila que había conocido nunca. Acudía a terapia por la misma razón que muchos de nosotros: ansiedad. Le costaba abrirse y compartir sus miedos y sentimientos. Sin embargo, hablaba abierta y tranquilamente sobre su infancia. Su muy traumática infancia. Chloe no había vivido más que situaciones terribles y abuso crónico, así que todo le parecía normal. A medida que Chloe empezó a aprender sobre el trauma, el maltrato y los niños internos heridos, su mentalidad de «todo está bien» cambió a «¡Dios mío, todo son traumas!». Se agobió y se preguntó: «¿Cómo voy a identificar y conocer a cada una de las NIH si toda mi infancia fue traumática?». La chica no sabía si tenía una NIH enorme o un millón de pequeñas NIH. En lugar de rellenar las minibiografías de un millón de NIH, empezó con un recuerdo que se repetía constantemente en su memoria. Permitirse explorar ese recuerdo conectó a Chloe con una NIH a la que siempre había ignorado. Fue una experiencia emotiva, un poco aterradora y muy reconfortante.

Cuando esa NIH tuvo la oportunidad de compartir ese recuerdo específico con Chloe, sintió un enorme deseo de compartir el resto de los recuerdos que albergaba. Para Chloe, no se trataba de una NIH por recuerdo; descubrió que tenía cuatro NIH que representaban diferentes etapas de su infancia. Cada una guardaba los recuerdos y el dolor de todas las experiencias vividas durante ese periodo de tiempo. Empezó asignándoles colores y formas, ya que se sentía más segura así, pero pronto empezó a completar las minibiografías. Como se encontraba a gusto expresando sus emociones artísticamente, Chloe utilizó la información que había recopilado en las minibiografías y pintó una NIH, esculpió otra, escribió un poema para la tercera y creó un tablero de imágenes para la cuarta. Fue hermoso, liberador, sanador y sorprendentemente divertido. Lo que comenzó siendo abrumador y confuso se convirtió en un emocionante viaje de autodescubrimiento. Chloe y sus NIH lo celebraron en armonía.

Así que prepárate para la fiesta. Tus NIH te están esperando.

Conclusiones

- Aunque aún te resulten unos desconocidos, tus niños internos heridos son seres reales que existen dentro de ti y que albergan recuerdos, emociones y dolor. También tienen miedos, esperanzas y sus propias creencias. Acercarte a ellos y conocerlos te ayuda a sanarlos.
- Sé creativo, aprovecha tu talento y emplea el método que prefieras para conocer a tus NIH. Elige la forma que te resulte más sencilla y con la que te sientas mejor. (Si lo necesitas, puedes revisar cómo identificarlos en el capítulo 7).
- Podemos tener muchos NIH y, muy a menudo, los descubrimos con el paso del tiempo. Empieza con lo que te sientas más preparado para hacer y, sobre todo, deja que el proceso fluya y se desarrolle de forma natural. Recuerda: no hay prisa.

Preguntas para reflexionar

- ¿Hay un niño interior herido que está en el centro de tus pensamientos, tratando de llamar tu atención, y por el que te sientes atraído? Si es así, confía en él y empieza por ahí.
- ¿Qué formas de conocer tus NIH (minibiografías, ideas abstractas u otras opciones más creativas) te resultan más fáciles, liberadoras o emocionantes? ¡No te cortes! (Si te apetece repasarlas, vuelve a las páginas 127-131).

- ¿Qué emociones, miedos o inquietudes te invaden al pensar que conocer a tus NIH es un proceso complicado, sin una solución correcta ni incorrecta? A veces aceptarlo puede ser difícil y llegamos a dudar de nosotros mismos. ¡Date permiso para sentir con libertad y valida lo que sientes!

TERCERA PARTE

Reeducar

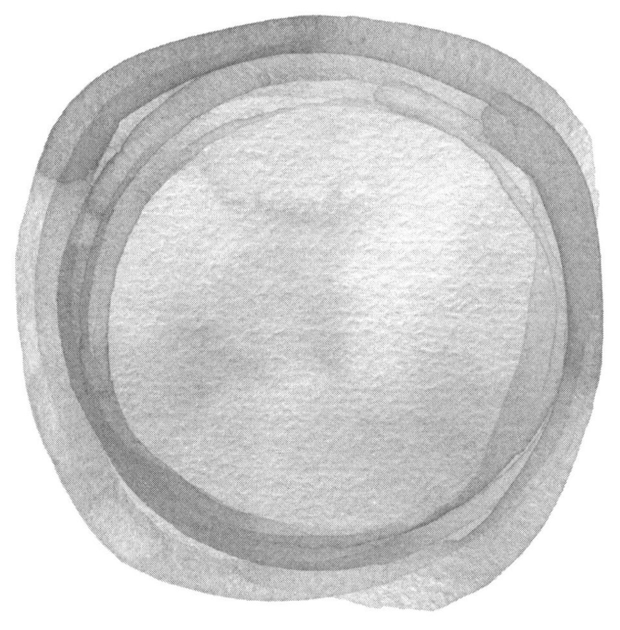

9

LOS ESTILOS DE CRIANZA: ¿CÓMO TE EDUCARON?

Has dedicado tiempo a escuchar y conectar con tus NIH. También has descubierto quiénes son, sus intereses, esperanzas y miedos. Como en cualquier relación, estás ganándote su confianza y conociéndolos en profundidad. Pero, antes de comenzar a reeducarlos, debes entender una verdad crucial para no perjudicar aún más a tus NIH ni perpetuar ciclos de abuso. Esta verdad, que desentrañaremos a continuación, suele pasarse por alto en el proceso de reeducación, y, sin conocerla, muchas personas acaban sintiéndose agotadas y desanimadas porque les parece que la reeducación no está funcionando.

De adultos, por lo general, somos capaces de echar la vista atrás a nuestra infancia y entender qué sucedió, qué nos hizo daño y cómo nos impactó —desde una perspectiva lógica—. Podemos comprender que *lógicamente* los gritos constantes nos volvieron tímidos e inmunes al conflicto. Que reprender, criticar o menospreciar a un niño está mal. Nos parece *lógico* que, si fuéramos más amables y compasivos con nosotros mismos, aliviaríamos en parte nuestro dolor. Entonces intentamos aplicar esa *lógica* al proceso de sanación, pero apenas vemos progreso. Entonces nos frustramos y nos desanimamos porque *lógicamente* no entendemos por qué no funciona. Y esto se debe a que la lógica no tiene nada que ver, sino que todo responde a nuestra *programación*. Nuestra programación es la verdad crucial de nuestra infancia y es lo que debemos comprender para no estancarnos.

Reflexiona sobre las siguientes preguntas. ¿Siempre estás disponible para los tuyos? ¿Escuchas y ofreces un hombro sobre el que llorar sin que nadie te lo pida dos veces? ¿Estás ahí con una palabra amable, una sonrisa compasiva y un cálido abrazo para quien lo necesite? Si has respondido afirmativamente a alguna de estas preguntas, cuestiónate esto: ¿Te tratas a ti mismo de la misma manera? ¿Qué pasa cuando eres tú quien necesita ser escuchado, apoyado o recibir una sonrisa? ¿Compartes cómo te sientes, pides ayuda y buscas consuelo porque sabes que lo mereces y sientes que importas a los demás? ¿O crees que eres una carga cuando expones tus problemas? ¿Te incomoda y te avergüenza mostrar tus emociones? ¿Antepones todo y a todos antes que a ti? Si sueles tratar a los demás de forma diferente (mejor) que a ti mismo, quiero que recuerdes estas palabras:

«Cómo tratamos a los demás es un reflejo de nuestro carácter. Cómo nos tratamos a nosotros mismos es un reflejo de nuestra programación».

La programación es, en esencia, cómo nos criaron. El trato que nos dieron nuestros cuidadores acaba convirtiéndose en el modelo de cómo nos tratamos a nosotros mismos. A veces esto puede hacerse extensivo a cómo tratamos a los demás (sobre todo cuando somos más jóvenes), pero, a medida que nos hacemos mayores, la diferencia puede acentuarse. Quizá te encuentres siendo la madre mimosa, la amiga atenta, la compañera de trabajo comprensiva. Paciente, amable y cariñosa... con todos menos contigo misma. Quizá hayas intentado tratarte mejor, pero no funciona. Esto suele ocurrir porque, aunque nuestras intenciones sean buenas, acabamos reeducándonos con la misma programación parental que nos hirió. Para eso está este capítulo. Analizaremos los cuatro estilos de crianza, cómo se manifiestan y el impacto que tienen en nosotros. Esta información amplía nuestro conocimiento de las heridas de nuestros niños internos y nos indica cómo reeducarlos de manera que esas heridas sanen y no se perpetúen.

Los estilos de crianza

El concepto de estilos de crianza lo introdujo por primera vez Diana Baumrind en la década de 1970 cuando planteó tres categorías para describir los comportamientos parentales típicos. Eleanor Maccoby y John Martin añadieron un cuarto estilo una década más tarde, que Baumrind también acabó incluyendo (Kuppens y Ceulemans, 2019). Al analizar cada uno, debemos tener en cuenta algunos aspectos. En primer lugar, es importante reconocer que las influencias culturales, el nivel socioeconómico y la educación recibida influyen en el estilo de crianza del cuidador. En segundo lugar, los cuidadores a veces adoptan un enfoque combinado respecto a los estilos de crianza. Por último, los estilos de crianza pueden cambiar con el tiempo y entre los niños. Gabor Maté, médico canadiense y especialista destacado en el trauma infantil, la adicción y el impacto del estrés, sostiene que no hay dos niños, ni siquiera dentro de la misma unidad familiar, que tengan las mismas experiencias ni la misma crianza (Maté y Maté, 2022).

El paso del tiempo, el nivel de madurez de los padres, la práctica como cuidadores, los cambios de vida y del estilo de vida y el mayor o menor acceso a recursos, educación y apoyo son solo algunos de los factores que contribuyen a cómo y por qué los hermanos experimentan una versión distinta del mismo cuidador. Si sientes que te trataron de forma diferente a tus hermanos o que experimentaste cambios en el estilo de crianza a lo largo de tu niñez, tenlo en cuenta al repasar los cuatro estilos de crianza: permisivo, negligente, autoritario y autoritativo. Terrence Sanvictores y Magda Mendez los resumen muy bien en su artículo publicado por la Biblioteca Nacional de Medicina en 2022. Analicémoslos.

Permisivo

El estilo de crianza permisivo suele ser cariñoso y protector, con una comunicación abierta entre padre e hijo. Además, tiene muy pocas reglas y pocas o ninguna expectativa, lo que propicia escasa disciplina o castigo. El progenitor interactúa con el niño más como un amigo que como un cuidador, lo que a cambio deja espacio al pequeño para que resuelva los problemas por sí solo. Esto puede ser beneficioso y perjudicial. Este estilo de crianza presenta consecuencias tanto positivas como negativas. Los hijos de padres permisivos suelen tener niveles más altos de autoestima y habilidades sociales moderadas. Sin embargo, también tienden a presentar hábitos alimenticios poco saludables, malas rutinas a la hora de dormir (que pueden interrumpir el sueño y, por tanto, el desarrollo), tiempo excesivo frente a las pantallas y conflictos con las tareas escolares. En el futuro, todo ello puede derivar en problemas de salud y dificultades con la organización y la rutina. Los hijos de padres permisivos también tienen tendencia a ser egoístas, impulsivos, exigentes e incapaces de autorregularse. La madre de Regina George en la película *Chicas malas* es un ejemplo de madre permisiva.

Negligente/rechazante

Los padres negligentes o rechazantes se sitúan en un espectro de severidad respecto a la negligencia. En la mayoría de los casos, satisfacen las necesidades básicas de sus hijos (comida, ropa, techo), pero se mantienen distantes y emocionalmente ausentes. Les dan a sus hijos una libertad casi ilimitada, no tienen expectativas y la comunicación es escasa. No hay un estilo de disciplina establecido y la corrección puede ser impulsiva, aleatoria y variar de justa a punitiva. Los resultados de este estilo de crianza presentan más desventajas que ventajas. Los niños tienden a ser resilientes y autosuficientes, pero más por necesidad que como una virtud fomentada. Les cuesta controlar sus emociones y presentan dificultades académicas, pocas habilidades para afrontar situaciones complicadas y dificultad para cultivar y mantener relaciones sanas. Los padres de Mike y Nancy Wheeler en *Stranger Things* son ejemplos de padres negligentes o rechazantes.

Autoritario

Los padres autoritarios hacen honor a su nombre. Crían con mano de hierro, por así decirlo. Su comunicación es unidireccional («Yo hablo, tú escuchas») y exigen pleno cumplimiento y obediencia total. Establecen reglas estrictas, que a menudo no se explican al niño, y hay poco margen de error. Tienden a castigar a sus hijos en lugar de enseñarles disciplina, y suele haber poco o ningún afecto. El resultado de este estilo de crianza es engañoso al principio. Los hijos de padres autoritarios son buenos siguiendo instrucciones y alcanzando objetivos. Suelen ser los más educados y obedientes... durante un tiempo. Pero, como su comportamiento se debe al miedo al castigo, solo dura mientras existe la amenaza. A medida que crecen, estos niños suelen rebelarse y presentan mayores niveles de agresividad y dificultad para controlar su ira. Aunque son buenos atendiendo y satisfaciendo las exigencias de los demás, tienen tendencia a ser tímidos, socialmente ineptos, les cuesta tomar decisiones y poseen muy baja autoestima. Lucius Malfoy, el padre de Draco Malfoy en la saga de *Harry Potter*, es un ejemplo de padre autoritario.

Autoritativo

Si bien el término «autoritativo» suena similar a «autoritario», es casi lo opuesto. Los padres autoritativos se guían principalmente por la relación con sus hijos. La prioridad es cultivar una relación cercana y segura con ellos, basada en el respeto y la confianza mutuos. Ofrecen pautas claras y mantienen una comunicación frecuente y abierta sobre límites, normas y consecuencias. Los padres autoritativos no castigan a sus hijos (se centran en que asuman las consecuencias por la falta), sino que les enseñan disciplina (siguen estrategias respetuosas y seguras para ayudarlos a crecer y desarrollarse) manteniendo un vínculo sólido. Escuchan a sus hijos y los animan a aportar y compartir su punto de vista. Este estilo de crianza es el más difícil de implementar, ya que requiere paciencia, autoconciencia, inteligencia emocional, madurez y un gran esfuerzo. Sin embargo, los resultados de este estilo hacen que el esfuerzo merezca la pena. Los niños criados con este estilo son seguros, responsables, independientes, y desarrollan una alta autoestima. A medida que crecen, aprenden a gestionar las emociones negativas de forma saludable, a autocontrolarse, a alcanzar sus metas, y suelen tener un mayor rendimiento académico. El término más reciente para este estilo de crianza es «crianza respetuosa». Mufasa, en *El rey león*, es un ejemplo de este estilo.

Estilo de crianza y de recrianza

Entender los diferentes estilos de crianza nos permite rememorar nuestra niñez desde una perspectiva nueva, aportando claridad y sentido a cómo nos trataron nuestros padres. También puede ayudarnos a reflexionar sobre por qué somos así en el presente. ¿Y qué tienen que ver los estilos de crianza con la recrianza? Para responder a esta pregunta, primero debemos comprender que el estilo de crianza que siguieron nuestros cuidadores cuando éramos niños suele ser el mismo con el que seguimos tratándonos a nosotros mismos hoy en día. A veces no logramos hacer esta conexión porque el trato que dispensamos a los demás puede ser totalmente opuesto al que recibimos de nuestros cuidadores. Quizá tus padres fueron emocionalmente negligentes y egoístas, y prometiste que nunca serías como ellos. Ahora, de adulto, antepones sistemáticamente a los demás, atiendes sus necesidades y estás siempre disponible. Pero ¿haces lo mismo contigo? Recuerda que cómo tratamos a los *otros* suele ser un reflejo de nuestro *carácter*. Sin embargo, casi nunca nos tratamos igual. Esto es porque cómo nos tratamos a *nosotros* mismos suele ser un reflejo de nuestra *programación* —cómo nos criaron—. Y, como inconscientemente seguimos tratándonos (criándonos) como lo hicieron nuestros cuidadores, tendemos a responder a los llantos de nuestros niños internos heridos igual. Estamos dando a nuestros NIH el mismo trato que dio origen a sus heridas, y ni siquiera nos percatamos de ello. Esto perpetúa el ciclo de dolor, de confianza rota y de autodesprecio que llevamos dentro. Para ayudar a nuestros NIH y sanar nuestras heridas, debemos criarlos de forma distinta; debemos reeducarlos. Por eso, reeducarnos a nosotros mismos y a nuestros niños internos heridos es vital para nuestra calidad de vida, nuestra felicidad y nuestra salud. Cuando te subes al barco de la reparentación, has de comprometerte a romper el ciclo de estilos de crianza que llevas dentro y a reeducar a tus NIH de la forma y con el estilo que necesitaban entonces y que tú necesitas ahora. ¿Estás listo para asumir ese compromiso?

La historia de Kal

Kal llevaba años trabajando en su reeducación. Debido al nivel y a la gravedad del trauma infantil, el proceso había sido lento pero constante. Kal superó el abuso sexual infantil, el maltrato físico, la negligencia, la disfuncionalidad en el hogar y el trauma fraternal. Con cada herida que sanaba, se sentía un poco más firme, estable y cuerdo. Pero había una herida en particular que parecía dominarlo y no lograba liberarse por mucho que lo intentara. Kal se crio en un hogar extremadamente religioso, lo que favoreció un estilo de crianza autoritario por parte de ambos progenitores. De niño, nadie se preocupó por sus sentimientos y no tuvo opción de desarrollar una opinión particular (y mucho menos una personalidad propia), ya que los niños debían estar calladitos, obedecer a sus padres y anteponer a los demás a sí mismos. La programación de Kal le decía que debía rechazar quien era y odiarse a sí mismo por su propia naturaleza «diabólica». Kal se esforzaba al máximo, pero nunca era suficiente, y la humillación se convirtió en su valor por defecto. Había superado el dolor que le causaron sus padres; sin embargo, seguía sufriendo mucho en el día a día con el autoodio y la duda, la codependencia y el complacer a los demás. Solo cuando oyó hablar de los distintos estilos de crianza consiguió establecer la conexión: había estado intentando reeducarse a sí mismo, pero lo hacía con el mismo método de crianza que sus padres. Conocer los diferentes estilos le permitió practicar el desarrollo de habilidades que nunca había visto ejemplificadas: paciencia, amabilidad, compasión, comprensión, apoyo y aceptación, por nombrar algunas. Siguió perfeccionando estas habilidades y decidió establecer contacto con sus NIH solo cuando estuviera en condiciones de ser un padre amable; fue entonces cuando por fin se liberó y logró progresar en áreas con las que llevaba años luchando.

Conclusiones

- Existen cuatro estilos de crianza: negligente/rechazante, permisivo, autoritario y autoritativo.
- Los estilos de crianza pueden ser una combinación, cambiar con el tiempo y verse influenciados por diversos factores.
- Comprometernos a reprogramarnos nos permite reeducar a nuestros niños internos heridos con el estilo que necesitan.

Preguntas para reflexionar

- ¿Con qué estilo o estilos de crianza creciste? ¿Cómo lo sabes?
- ¿Cómo te influyó ese estilo de crianza de niño? ¿Y ahora de adulto?
- ¿Qué estilo de crianza necesitan tus NIH? ¿Qué estilo necesitas tú? ¡Escríbelo!

10

REEDUCAR: EN EL AQUÍ Y AHORA

¡Empecemos la parte de reeducación de tu viaje de sanación! Has trabajado para identificar tus heridas y entender de dónde proceden. Ahora es el momento de comenzar a sanarlas a través de tu reparentación. Hay dos estrategias desde las que puedes abordar el proceso: la del aquí y ahora, y con tus niños internos heridos. En el próximo capítulo, veremos cómo reeducar tus NIH. Por el momento, vamos a ver cómo trazar un plan para reeducarte *ahora* y por qué es importante. Reeducar en el aquí y ahora significa reeducar al adulto que eres hoy, y no específicamente a tus NIH. Recuerda que no hay un orden establecido ni reglas estrictas. Puedes hacerlo como mejor te parezca. Sin embargo, a muchas personas les da miedo empezar por sus NIH.

Así que comenzar por reeducarte a ti mismo aquí y ahora puede ser un modo excelente de iniciar el proceso. También es una opción estupenda si quieres cambiar de hábitos o mejorar tu estilo de vida actual.

La crianza transmitida

Reeducar al adulto que eres hoy requiere que comprendas cómo te criaron. Recuerda que en el capítulo anterior vimos que cómo que te criaron a menudo se convierte en la programación de cómo te tratas a ti mismo. Llamaremos a la perpetuación de tratarte a ti mismo como te trataron tus padres «crianza transmitida». Este ciclo puede prolongarse más allá de ti y transmitirse generacionalmente a la forma en que crías a tus hijos. Incluso la persona más osada, que decide no tratarse a sí misma ni a los demás igual que lo hicieron sus padres, tiene que hacer un esfuerzo si quiere romper este ciclo con éxito. Reeducarte a ti mismo en el aquí y ahora te empodera para llevar a cabo esta labor intencionalmente. Si tienes presente cómo te educaron tus cuidadores, entiendes tu programación y conoces las herramientas generadoras del cambio, conseguirás romper con eficacia los ciclos generacionales de trauma y abuso, y experimentarás sanación y alivio. Un buen punto de partida es obtener un panorama claro de al menos tres áreas de tu vida en las que estás prolongando el ciclo de crianza transmitida. Las más comunes son:

- Las creencias que albergamos sobre nosotros mismos (nuestra valía, valor, propósito).
- La relación que tenemos con nuestras emociones.
- La forma en que nos hablamos a nosotros mismos (a menudo es nuestro crítico interno).
- La forma en que nos tratamos cuando cometemos un error, afrontamos dificultades o fracasamos.

Dedica un tiempo a pensar en cómo manejaron tus padres estas áreas en tu niñez. Si te cuesta, algunas preguntas que puedes hacerte son:

- ¿Qué mensajes sobre mi valía, valor y propósito recibí de mis padres? (Pueden ser verbales y no verbales).
- ¿Cómo respondieron mis padres a mis emociones? ¿Qué me enseñaron sobre ellas?
- ¿Cómo me hablaban mis padres a mí y cómo hablaban de mí? ¿Sigo arrastrando hoy alguna crítica de mis padres?
- ¿Cómo me trataban mis padres cuando cometía errores, tenía dificultades o fracasaba en algo? ¿Qué mensaje recibí sobre mis limitaciones?

Tu reeducación

Una vez que hayas identificado en qué aspectos sigues tratándote como hicieron tus padres, es hora de meterse de lleno en las fases de recrianza. No te centres en cómo *podrían* haberte tratado tus padres (y la diferencia que eso podría haber supuesto); este punto se analizará en el siguiente capítulo. En lugar de eso, céntrate en cómo podrías empezar a tratarte a ti mismo de otro modo *ahora*. Para ello, has de seguir cinco pasos:

1. Identifica tu crianza transmitida (lo que acabas de hacer con las preguntas de la sección anterior).

2. Analiza cómo te hace sentir tratarte de esta forma y cómo afecta a tu calidad de vida.

3. Describe con detalle cómo podrías reeducarte (tratarte de forma diferente a como lo hicieron).

4. Anticipa cómo te afectaría reeducarte de esta manera.

5. Reedúcate. Practica tu nueva programación, tratándote de esta nueva forma.

Repasemos brevemente los pasos del dos al cuatro para que comprendas qué implican y cómo llevarlos a cabo con éxito.

El segundo paso (analizar cómo nos tratamos a nosotros mismos) requiere conectar con tus emociones. Puede parecer simple, pero para muchos resulta complicado. Si te crio un padre emocionalmente inmaduro o no hablasteis de sentimientos, es probable que no desarrollaras las habilidades para identificar y etiquetar lo que experimentabas en tu interior. No maduramos emocionalmente por el mero hecho de envejecer. Se necesita ser intencional para entablar relación con tus emociones. Este paso no lo puedes omitir. Tampoco es algo de lo que debas avergonzarte. Muchos crecimos en una época en las que las emociones se ignoraban, o podría haber sido un tabú social o cultural hablar de ellas y expresarlas. Aprender a identificar y a conectar con tus emociones es una forma de reeducación en sí misma que puede ser profundamente sanadora. Si te cuesta encontrar palabras para lo que sientes, utiliza una rueda de las emociones. Haz una búsqueda rápida en internet y encontrarás miles. Intenta identificar tres emociones que experimentas cuando te tratas a ti mismo de la misma manera que lo hicieron tus padres.

El tercer paso (cómo reeducarte) es complicado porque puede parecer sencillo en la teoría, pero en la práctica no lo es tanto. En muchos de los ciclos de crianza transmitida en los que nos vemos atrapados, identificar lo opuesto a lo que hicieron nuestros padres es un buen punto de partida. Por ejemplo, si te trataron como si no importaras y sigues diciéndote lo mismo, el enfoque obvio para la reeducación sería decirte que sí importas. Sin embargo, cuando presentamos una afirmación que se opone directamente a nuestras creencias, podemos experimentar una reacción visceral de rechazo o repulsión. Las nuevas afirmaciones o formas de tratarte no coincidirán con lo que has hecho hasta ahora ni con tus creencias, por lo que podrías percibirlas como erróneas o falsas. A veces, hablarnos a nosotros mismos con más amor y compasión puede producirnos escalofríos. Sin embargo, eso no significa que esté mal, que sea mentira o que no valga la pena. El impulso de rechazar una nueva manera de tratarte es una forma innata de autodefensa destinada a protegerte. A menudo, para protegerte de emociones que temes sentir, tu mente puede verse inundada de objeciones y planteamientos hipotéticos. «Si soy amable conmigo, no me esforzaré tanto; si ignoro mis defectos, no mejoraré». Estos pensamientos son la voz de tu antigua programación que contraataca para mantenerse al mando. Enfrentar estos pensamientos y comprometerte a reeducarte te ayudará a silenciar esas voces más rápido. Pensar en cambiar algo de nosotros puede sonar incómodo al principio, pero es menos doloroso que seguir como hasta ahora. Atreverte a liberarte de tu programación y aprender a tratarte con cariño te cambiará la vida. Sé amable contigo mientras trabajas en este paso y reconoce que puede haber una brecha entre identificar qué necesitas para reeducarte y ser capaz de hacerlo. Pero lo lograrás.

El cuarto paso (predecir el impacto de la reparentación) te empodera para perseverar y puede ayudarte a superar los pasos anteriores si te sientes estancado. En este punto, has de imaginar a tu futuro yo habiendo logrado reeducar las áreas en las que quieres enfocarte. Visualízate tratándote como quieres hacerlo. Por ejemplo, puede que cada vez que te mires te critiques, lo cual es un comportamiento que aprendiste de tu madre. Ahora imagina a tu futuro yo, luciendo exactamente igual que te ves ahora, de pie frente al espejo. Dedícate una sonrisa amable mientras admiras los rasgos únicos que te caracterizan. Siente gratitud y amor por tu cuerpo y por todo lo que ha hecho por ti. Echa los hombros hacia atrás, levanta la barbilla y háblate a ti mismo: «Me quiero como soy». ¿Cómo te sentirías si te hablaras así? ¿Qué impacto tendría en tu vida tratarte de esta manera? ¿Qué emociones sientes durante este ejercicio? Escríbelas. Sé lo más específico posible. Si surgen objeciones, analiza de dónde provienen y por qué aparecen. Pero no les des la razón ni permitas que vuelvan a tomar el control. A nuestro cerebro no le gusta el cambio y, a veces, puede dar más miedo tener esperanza que quedarse estancado, pero eso no significa que sea más peligroso. Que te dé miedo no significa que no debas intentarlo. Mereces sanación, mereces libertad, mereces amor.

La práctica conduce a la reeducación

Anota tus respuestas en cada paso para ver exactamente lo que tienes que hacer. Escribirlas te da una visión general y además te aporta claridad. A veces, al lidiar con nuestras heridas, nos olvidamos de lo que estamos haciendo, o perdemos la perspectiva, o nos entran ganas de rendirnos. Todo eso es normal. En un capítulo posterior, veremos cómo trazar un plan de reeducación que te ayude a organizarte. Si tienes a una persona de confianza, háblale de las áreas en las que te estás enfocando para que pueda animarte, ayudarte a mantener el compromiso si es necesario y celebrar contigo tus progresos.

Reeducar en el aquí y ahora no es algo que se logre en poco tiempo. Tardaste años, quizá décadas, en implantar la forma en que te tratas actualmente, y te llevará tiempo cambiarla. Date margen para probar y practicar esta nueva forma de ser antes de pasar a reeducar a tus niños internos heridos. Dedica una semana a intentar reeducarte en el área que elijas. Siente lo fácil o difícil que resulta y procesa cualquier emoción que surja. Acostúmbrate a establecer recordatorios o a reservar tiempo para hacerlo, ya que crear un nuevo hábito requiere tiempo y concentración. Da igual cuánto tardes; lo importante es que empieces, que sigas adelante y que no te rindas.

La historia de Riley

Riley tenía a una crítica interna implacable y agresiva. Independientemente de lo que hiciera, sus pensamientos sobre sí misma siempre eran censuradores y exigentes. Pero lo más preocupante era que Riley no lo veía como un problema. No percibía sus pensamientos como críticos, sino como verdaderos, porque esta visión de sí misma era la única que había conocido. Cuando Riley se atrevió a explorar cómo la hacían sentir estos pensamientos, su cerebro se bloqueó de inmediato porque le habían enseñado que las emociones no importaban. Riley estaba atrapada en un círculo vicioso de crianza transmitida y no encontraba la salida, hasta que comenzó a trabajar paso a paso.

No fue una batalla fácil. Riley luchó con ahínco para sanar. En la primera fase se encontró con la justificación constante de los actos de sus padres y con el pretexto de que su maltrato verbal estaba justificado porque era «acertado». El segundo paso tuvo que saltárselo porque aún no estaba preparada para acceder a sus emociones. El tercer paso le llevó tiempo porque, aunque llegaba a imaginar otras maneras de tratarse, pensaba que era una mala idea porque eso la debilitaría, la volvería perezosa, se estaría autoengañando y además no merecía darse un respiro. El cuarto paso fue donde por fin sintió que avanzaba algo. A Riley le costó contemplar la idea de tratarse de forma distinta, pero, cuando lo hizo, todo cambió. Comenzó con un planteamiento de recrianza muy simple y que resultó tremendamente efectivo. Poniéndose alarmas y notas adhesivas diseñadas para captar su atención, diez veces al día, todos los días durante una semana, Riley se detenía y decía en voz alta: «Lo estoy haciendo lo mejor que sé». Eso era todo. Pero aquella simple afirmación iba directamente en contra de su programación parental y de todo lo que ella asumía como cierto.

Al principio, Riley aceptó el reto de decir la afirmación en voz alta porque parecía bastante simple y no tenía mucha fe en que funcionara. Pero, cuando llegó el momento de la verdad y tuvo que repetirse: «Lo estoy haciendo lo mejor que sé» en voz alta, sintió que no podía hacerlo; físicamente era incapaz de pronunciar las palabras. La primera vez que por fin logró decirlas, rompió a llorar. El segundo día lloró a mares. Al final de la semana, sintió un enorme alivio físico y durmió mejor que nunca. Riley se dio cuenta de que no solo era verdad (que lo estaba haciendo lo mejor que sabía), sino que ser más compasiva consigo misma le dio fuerzas para hacerlo aún mejor. Riley había roto un ciclo generacional de críticas y experimentó la profunda libertad de reeducarse diciendo siete simples palabras.

Conclusiones

- A menudo nos tratamos igual que lo hicieron nuestros padres, lo que puede perpetuar ciclos de maltrato que causan sufrimiento continuo.
- Reeducarse en el aquí y ahora es una forma efectiva de romper hábitos, generar cambios y experimentar sanación.
- Los cinco pasos ofrecen un esquema para reeducarte en el aquí y ahora. No es necesario seguirlos en orden y puedes tardar el tiempo que necesites.

Preguntas para reflexionar

- ¿En qué tres áreas de tu vida te sigues tratando de la misma manera que lo hicieron tus cuidadores?
- ¿Qué paso te genera más inquietud o inseguridad? ¿Por qué crees que es así?
- ¿Qué es lo que más te entusiasma de reeducarte en el aquí y ahora?

11

REEDUCAR: TUS NIH

Tus niños internos heridos han esperado pacientemente a que cultivaras la comprensión, la seguridad y la compasión necesarias para reeducarlos. Pero no te has dado cuenta de que, al hacerlo, ya has comenzado el proceso de reeducación. Has invertido tiempo en conocer a tus NIH, explorando aspectos de ti que antes evitabas. Has averiguado quiénes son, qué los hirió y sus perspectivas al sumergirte en las profundidades de tu infancia, de una forma que muchos temen hacer. Les has ofrecido espacio, les has dado confianza y los has escuchado con cada emoción que te has permitido sentir. Eso es amor propio y la base de la reeducación. El objetivo es seguir adelante y ayudarlos a aliviar su carga, sanar sus heridas y liberarlos. Libres para crecer (como algunos elegirán hacer) o libres para disfrutar de las maravillas de la infancia, sin las restricciones del trauma que los frenó.

En el capítulo anterior, aprendiste a reeducarte a ti mismo en el aquí y ahora elaborando un plan práctico que pudieras implementar en tu vida diaria. Sin embargo, ya que las heridas de tus NIH pertenecen al pasado, reeducarlos requiere un enfoque diferente.

Existen infinitas formas de reeducar a tus niños internos heridos, y te animo a que sigas la que te parezca más adecuada; no obstante, en este capítulo, exploraremos cinco ejercicios de reparentación.

En el siguiente capítulo, veremos cómo establecer un plan de reeducación para ti de manera que aprendas a priorizarlo y a implementarlo en tu vida de manera sostenible y medible.

Ejercicios de reparentación

Los cinco ejercicios que vamos a ver en detalle son:

- Háblalo
- Recréalo
- Luces-cámara-acción
- La silla vacía
- Tu NIH sale a escena

Háblalo

Este método de recrianza es una continuación de lo que hiciste cuando conociste a tus NIH en el capítulo 8. Este método es excelente para los NIH mayores de cinco años, que recuerdan vivencias y confían en ti. Para este ejercicio:

- Habla en voz alta (si puedes y te sientes cómodo).
- Grábate o toma notas para poder repasar o recordar la conversación.
- Haz preguntas adecuadas a su edad, empleando un lenguaje apropiado, tal como harías si estuvieras hablando con un niño de la edad de tu NIH.
- Confía, sin dudarlo, en la primera respuesta de tu NIH. Suele ser una vocecita interior, un pensamiento fugaz o una imagen en tu mente.
- Si las respuestas tardan en llegar, no te preocupes. Mantén la calma, concéntrate en tu respiración y permite el silencio incómodo. Si sientes que tu NIH no sabe o no quiere responder, respétalo como si estuvieras hablando con alguien de carne y hueso. Esto demuestra respeto por ti mismo y fomenta la confianza entre tú y tu NIH.
- Puede que te sientas un poco ridículo o incómodo. Al principio, quizá te resulte extraño hablar contigo mismo, pero no tiene nada de malo. Está bien sentirse incómodo. ¡Adelante!

Por ejemplo: cada semana, dedica quince minutos a hablar con tu NIH de trece años. Al principio, para establecer contacto. Más adelante, pregúntale sobre lo que sucedió y cómo se sintió. Quizá lloréis juntos, o puede que os enfadéis. Valida su dolor y déjale espacio. Luego, hablad de sus esperanzas, miedos y necesidades para seguir adelante. Quizá por fin se sienta escuchado y tenga la esperanza de sentirse mejor. O quizá exprese incertidumbre sobre quién es y necesite tu ayuda y tu respaldo mientras explora lo que le gusta y lo que no. Durante este proceso, tu NIH irá sanando y tú sentirás alivio del peso del dolor que arrastras, y desarrollarás otros aspectos de tu identidad: ¡estás creciendo!

Recréalo

En su exitoso libro *El cuerpo lleva la cuenta,* Van der Kolk analiza el poderoso impacto del psicodrama en la sanación del trauma (2015). El psicodrama consiste en recrear experiencias, recuerdos o eventos pasados de forma catártica y sanadora. Es efectivo porque el cerebro no sabe que es un juego o una farsa, lo que nos permite reconectar de forma segura con una experiencia de la que necesitamos sanar. Hay dos formas de reeducar a tu niño o niños internos: puedes pedir ayuda a alguien de confianza para que represente una escena contigo o puedes hacerlo tú solo. Lo más importante que tienes que entender aquí es que no se trata de recrear lo que sucedió, sino lo que necesitaste o querrías que hubiera sucedido, de forma que te aporte sanación. Si lo haces con alguien de confianza, adopta tú el rol de tu niño interno y asigna al otro el papel de cuidador. Y, si lo haces solo, externamente serás el padre o la madre, mientras que el NIH responderá desde tu interior. Para este ejercicio:

- Elige una situación concreta de tu infancia cada vez.
- Por cada interacción dentro de esa situación que haya afectado a tu NIH, reedúcalo recreando cómo quería o necesitaba que respondiera su cuidador.

• Sentirse raro, incómodo y vulnerable es parte del motivo de la efectividad de este ejercicio, así que ¡no pasa nada por sentirse así!
• Este ejercicio puede ser muy emocional. Asegúrate de tener un espacio seguro, tiempo para procesarlo y estrategias de afrontamiento que te ayuden.

Por ejemplo:

El argumento: cuando tenías ocho años, te caíste de la bicicleta y te raspaste las rodillas. Corriste a casa de tus padres, llorando. Se rieron de ti, te llamaron bebé y te dijeron que te hicieras fuerte. Te fuiste a tu habitación para ocultar tus lágrimas y te sentiste solo y con las rodillas doloridas.

Si lo representas con alguien: tú haces de tu yo de ocho años y tu mejor amigo hace de tu padre. Rememoras la situación y permites que la emoción y el dolor de tu NIH se apoderen de ti. Acudes a tu amigo tal como hiciste con tu padre. Tu amigo te abraza y te consuela, poniéndote una gasa fría en las rodillas y tus tiritas preferidas (mucho mejor si son infantiles). Te dice que está orgulloso de ti, que está bien llorar y que se sentará contigo todo el tiempo que necesites. Alarga el momento hasta que sientas consuelo y alivio.

Si lo representas solo: rememoras la situación y dejas que te invada la emoción. Tú, haciendo de padre o madre, te abrazas. Te curas las rodillas y le hablas en voz alta a tu NIH, diciéndole todo lo que necesita oír. Te aplicas hielo y te vendas las rodillas. Permites que tu NIH llore mientras validas su dolor y su miedo todo el tiempo que sea preciso, hasta que sientas consuelo y alivio.

Luces-cámara-acción

Este ejercicio es efectivo para quienes les gusta soñar despiertos o usan la imaginación para visualizar. El objetivo es reescribir la historia inventando un nuevo final para una antigua película (un recuerdo).

Comienza eligiendo un recuerdo de una situación que haya afectado a tu NIH. Ahora imagina que lo ves como una película. Imagina que eres el director que dirige la escena y que, en espera, está el héroe de la película. Ese héroe es tu yo adulto tal como existes ahora. Elige un instante, o varios, dentro de la película para gritar: «¡Corten!» y pide a tu héroe que intervenga. Observa cómo tu yo adulto entra en el recuerdo e intercede. Deja que este recuerdo se desarrolle de una manera nueva, con un final alternativo, donde tu yo adulto rescata, salva, protege, defiende o consuela a tu NIH. Observa la respuesta de tu NIH. ¿Qué siente? ¿Cómo reacciona? ¿Qué dice? Las emociones expresadas de alivio, esperanza, consuelo y dolor son señales de una reparentación eficaz. Este ejercicio te conecta con tus NIH, fomenta la confianza y la seguridad en tu interior y le enseña a tu NIH que ya no está solo. Que tú estás ahí para él. En el pasado, en el presente y en el futuro. Tú cuidarás de él. Ten en cuenta que:

• Este ejercicio es emocional porque le estás dando a tu NIH lo que no recibió. Puede conectarte con el dolor de lo que fue, con la pena por lo que no fue y con los sentimientos de tu NIH cuando por fin obtiene lo que necesitaba.
• Quizá tengas que reproducir una película específica (el recuerdo) varias veces para ir cambiando los finales. En ocasiones tenemos que ir poco a poco y, como eres nuevo en esto de la recrianza, puede que intentes una cosa y luego descubras que tu NIH necesita otra distinta. ¡Reconocerlo también es recrianza!
• Narrar la película en voz alta es particularmente útil para estar presente, concentrado y conectar más profundamente con tus emociones.
• Si vas a emplear este ejercicio con varios recuerdos, escribe o graba las escenas para evitar confusiones u olvidos.

Por ejemplo: visualizas de nuevo la escena de cuando tenías cuatro años y te regañaron por romper algo a pesar de que fue un accidente. Ves cómo tu padre o tu madre le grita a tu NIH, le da un manotazo y luego lo manda a su habitación. Ves a tu NIH ahogando un sollozo en la almohada para que nadie lo oiga, sintiendo una gama de emociones intensas y confusas, y la necesidad de consuelo. Gritas: «¡Corten!», y a continuación envías a tu yo adulto (equipado con todo el amor, la compasión, el poder y la protección necesarios) a la puerta de la casa donde vivías. Ahora gritas: «¡Acción!», y ves cómo tu yo adulto entra por la puerta, sobresaltando a tu padre o madre. Tu yo adulto lo confronta diciendo: «¡Cómo te atreves a tratar a un niño, a tu hijo, de esa manera! ¡No vuelvas a levantarle la voz ni a ponerle las manos encima! ¿Me entiendes?». Tu cuidador se disculpa y asiente en silencio, avergonzado. Tu yo adulto se marcha furioso hacia tu cuarto y toca suavemente la puerta antes de abrir. Tu yo adulto se sienta tranquilamente al pie de la cama de tu NIH. Tu niño interior herido se asoma entre las sábanas que ocultan su llanto. Tu yo adulto le dice a tu NIH cuánto lamenta que lo hayan tratado tan mal, que no se lo merece y que entiende cómo se siente. Observas cómo tu NIH sale a toda prisa de la cama y salta a tus brazos. Tu yo adulto abraza y mece a tu NIH, que llora y desahoga todas sus emociones, mientras que tu yo adulto permanece tranquilo, calmado y seguro. Tu yo adulto le dice a tu NIH lo mucho que lo quiere y que siempre lo protegerá. Cuando las emociones se hayan calmado y te sientas aliviado, concluyes la escena.

La silla vacía

El ejercicio de la silla vacía es una técnica común en terapia. Lo introdujo hace más de cien años Jacob Levy Moreno, alumno de Sigmund Freud, pero se popularizó en la década de 1950 gracias a Fitz Perls, fundador de la terapia Gestalt (Mann, 2021). Si bien las aplicaciones terapéuticas de este método pueden ser complejas, la premisa es simple: coloca una silla frente a ti, imagina a una persona sentada y háblale. Este ejercicio se ha adaptado de muchas maneras para ayudar a personas y es una excelente herramienta para la reparentación. Hay varias formas de hacerlo:

- Imaginas a tu NIH en la silla.
- Imaginas a tu padre o madre en la silla y le hablas como si fueras tu NIH.
- Imaginas a tu padre o madre en la silla y le hablas como tu yo de ahora en nombre de tu NIH.

La idea es abordar a la persona que hiere o a la persona herida desde una posición segura. Dependiendo de la opción que elijas, los objetivos son:

- Conectar con tu niño interior herido y expresar sus emociones.
- Decirle todo lo que tú o tu NIH necesitáis expresar al padre o la madre que os hirió.
- Sentirte empoderado al enfrentarte a tu progenitor y defenderte a ti y a tu NIH.

Puedes elegir un momento específico o dirigirte a la persona en términos generales. Esto no es un simple ejercicio mental. Tienes que usar una silla real, sentarte enfrente y expresar en voz alta lo que necesitas decirle a quien hayas imaginado que está sentado ahí.

Por ejemplo, si eres tu NIH: te sientas frente a una silla vacía e imaginas a tu madre sentada. Te diriges a ella como si fueras tu NIH de dieciséis años. Expresas tu confusión, tu dolor y tu enfado por cómo te trata, permitiéndote llorar y levantar la voz. Dices en voz alta lo que nunca te has atrevido a decir. Le das a tu NIH el espacio y el tiempo necesarios para expresarlo todo y concluyes cuando notas alivio o sientes que tu NIH ha terminado.

Tu NIH sale a escena

Este ejercicio de reparentación a veces se realiza después de haber hecho los anteriores para sanar heridas específicas. Pero también se puede hacer al principio para conectar con los NIH que no confían en ti o dudan en abrirse. Esta práctica es similar a lo que vemos en la terapia de juego o en el juego dirigido por niños. El objetivo es brindarles a tus NIH la oportunidad de expresar sus necesidades y de que puedan interactuar contigo o con el mundo, como deseen. Hay infinidad de opciones, pero las más comunes son:

- Tu NIH quiere divertirse (bailar, cantar, jugar con juguetes, disfrutar en un parque infantil).
- Tu NIH necesita consuelo (un abrazo, que lo mezan, que le canten, un baño, un peluche).
- Tu NIH quiere experimentar algo específico (nadar en un lago, tomarse un helado, ir al zoo, ver una película).
- Tu NIH quiere expresar cómo se siente de una forma que le resulte cómoda (haciendo un dibujo, coloreándolo, representándolo, contando un cuento con muñecos, llorando).

«Tu NIH sale a escena» es un ejercicio profundamente liberador y sanador. Permite que nuestros NIH experimenten la infancia de maneras que les negaron o les privaron. Pero a veces podemos sentirnos ridículos o avergonzados al realizar este ejercicio de re-crianza. No pasa nada. Sé paciente contigo mismo; respeta lo que te hace sentir cómodo y lo que te sientes preparado para hacer. Este ejercicio normalmente posibilita que los NIH que desean crecer empiecen el proceso.

La historia de Lisa

Lisa hizo todo lo posible por olvidar su infancia y distanciarse de sus NIH. Pero, cuando sus síntomas se volvieron incontrolables y las pesadillas abrumadoras, recurrió a la recrianza. Al principio, los ejercicios le parecían demasiado intimidantes y vulnerables, así que optó por la práctica de «tu NIH sale a escena», a pesar de sentirse insegura y un poco ridícula. Una vez a la semana, durante treinta minutos, elegía una NIH que había identificado y le preguntaba qué quería hacer (en la seguridad de su propio hogar). Al principio, veía películas de su niñez, coloreaba, preparaba *brownies*, dormía la siesta y organizaba fiestas en el salón. A medida que se iba sintiendo más cómoda, empezó a salir de casa. Paseaba, saltaba en charcos, iba a los columpios y lanzaba piedras en el lago. Un día, cuando le preguntó a su NIH qué quería hacer, esta le respondió: «Hablar de lo que pasó». Eso llevó a Lisa al siguiente paso en su camino a la recrianza: hablarlo. Tenía miedo de que fuera un proceso largo y arduo, pero se sorprendió al ver que, una vez que su NIH pudo compartir su experiencia y cómo se sentía, lloró a gusto y recibió el consuelo de Lisa (se abrazó a ella y se meció mucho), el dolor lacerante de su recuerdo se alivió, los síntomas disminuyeron y su NIH volvió a querer jugar. Lisa aprendió que reeducar a sus NIH, aunque vulnerables y a veces emocionales, era más fácil que cargar con el dolor de sus NIH no sanadas.

Conclusiones

- Hay infinitas formas de reeducar a tus NIH, y te animo a que confíes en ti, a que los escuches y a que elijas aquello para lo que te sientas preparado.
- Existen cinco ejercicios útiles de recrianza con los que puedes empezar: háblalo, recréalo, luces-cámara-acción, la silla vacía y tu NIH sale a escena.
- Es normal sentirse un poco incómodo, vulnerable o sensible al principio. Sé amable contigo mismo y ten paciencia con tus NIH.

Preguntas para reflexionar

- ¿Cuál de los cinco ejercicios de reeducación te resulta más intrigante? ¿Por qué crees que es así?
- ¿Cuál de los cinco ejercicios de reeducación te parece más angustiante? ¿Por qué?
- ¿Cómo crees que te beneficiaría reeducar a tus NIH? Piensa en cinco formas y ¡anótalas!

12

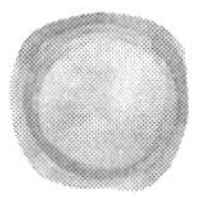

EL PLAN DE REEDUCACIÓN: EN LA CONSTANCIA ESTÁ EL ÉXITO

En el capítulo anterior, exploraste cinco ejercicios clave para reeducar a tus NIH. Aprendiste cómo y por qué hacerlos y respondiste con sinceridad algunas preguntas sobre este paso. Sin embargo, antes de seguir profundizando, debes entender algunos conceptos importantes, así como establecer la estructura que seguirás para lograr un éxito duradero y sostenible. Esto se consigue siguiendo un plan de reeducación. Un plan de reeducación es una especie de estrategia que te permite tener en cuenta tus necesidades, tu estilo de vida y tus preocupaciones mediante la redacción de un contrato por escrito. Utiliza este plan de reparentación para mantenerte firme en el compromiso de reeducar a tus NIH y a ti mismo en el aquí y ahora. Veamos algunos aspectos que debes saber antes de elaborarlo.

En primer lugar, reeducar a tus niños internos heridos requiere tiempo, dedicación y constancia. Si bien muchas personas experimentan alivio, sanación o cambio desde el primer ejercicio, no es una situación que pueda solucionarse de una sola vez. Piensa en un niño que atraviesa una situación traumática. Necesita procesarla hablando de ella, lo que podría requerir varias conversaciones. Pero eso no es lo único que necesita. Tendrá síntomas residuales (y respuestas al trauma) y necesitará una persona segura a la que pueda recurrir tantas veces como sea preciso para encontrar consuelo, seguridad y regulación hasta que logre liberarse. Después, le hará falta un cuidador, una familia, un lugar de pertenencia. Es importante reconocer que reeducar a tus niños internos implica todo esto y que, a menudo, es una relación para toda la vida que requiere de tu compromiso.

En segundo lugar, la reeducación de tus niños internos heridos debe ser una prioridad en tu agenda. Los ejercicios iniciales de recrianza, diseñados para ayudar a sanar a tus NIH, exigen que les reserves un hueco en tu calendario. No son algo que puedas hacer durante tu hora del almuerzo. Estas prácticas llevan tiempo y precisan cierto nivel de seguridad para que puedas permitirte ser vulnerable, ya que las emociones tienden a surgir a medida que las realizas. Aunque no hay un requisito de frecuencia, se recomienda que te comprometas a incluir la recrianza en tu agenda con cierta constancia al principio. Todos llevamos una vida ajetreada y, si no priorizamos intencionalmente el proceso de reeducación, es probable que no lo hagamos. Sobre todo, porque a tu cerebro no le entusiasma que te conectes con algo doloroso. Ya sea una vez al día, a la semana o al mes, hazlo como te venga mejor, pero hazlo. Intenta reservar al menos treinta minutos en los que no tengas distracciones y te sientas seguro y cómodo.

Por último, a la hora de decidir por dónde comenzar o con quién, confía en ti. Algunas personas optan por empezar con un NIH que les parezca menos abrumado o herido, ya que les resulta menos angustioso o trágico. Otras optan primero por el NIH que siempre tienen en mente, aquel en el que no pueden dejar de pensar. Hay quien prefiere empezar con el NIH más dañado, el «original», ya que esto puede generar un efecto dominó para sanar a otros niños internos heridos que están estrechamente vinculados a él o que son consecuencia suya. Lo más importante al decidir por dónde se comienza es reconocer qué te sientes preparado para hacer y por dónde quieres iniciarlo.

También puedes cambiar de opinión. Tal vez pienses que es demasiado pronto para elaborar este plan de recrianza —no hay problema—. Empieza con algo más manejable o que te parezca factible. Quizá ya lleves un tiempo reeducando a un NIH, pero te das cuenta de que sería más beneficioso abordar primero otro antes de continuar y no estás seguro de qué hacer. Confía en ti, haz lo que te parezca mejor y permite que el proceso sea caótico. ¡Todas estas reacciones, emociones y cambios están bien! No hay reglas claras y definidas para reeducar a tus niños internos heridos, y permitirte la libertad de hacer lo que te dicta el corazón es un gran ejercicio para fomentar tu autoconfianza, honrar tus necesidades y protegerte del estrés o daño innecesario. Como ya sabes, esta también es una forma de reeducarte en el aquí y ahora. ¡Todo son ventajas!

El plan de reeducación

Cuando hayas decidido con qué frecuencia quieres practicar la recrianza, anótalo en tu calendario. Planifícalo como si fuera una cita. Digamos que tu objetivo es una vez a la semana durante treinta minutos el domingo por la mañana. Después, recopila en un mismo lugar toda la información sobre tu NIH y tu plan para reparentarlo. Aquí es donde entra el plan de reeducación.

Para cada niño interior herido, completa lo siguiente:

- La herida o problema (que has identificado).
- El NIH afectado (el niño interior herido relacionado con esta herida o problema).
- La programación de la crianza (cómo te sigues tratando a ti mismo o a tu NIH según cómo te educaron).
- El plan de reeducación (las medidas que tomarás para reeducar a tu NIH y a ti mismo en el aquí y ahora).

Te dejo un ejemplo de cómo podría ser un plan de reeducación:

- **Herida/problema:** abandonada/rechazada por su padre varias veces a lo largo de su vida, lo que la ha llevado a tener una baja autoestima, a buscar la atención masculina esperando su aprobación, a la falta de autenticidad y a sentirse indigna de recibir amor.
- **NIH:** nombre: Nikki. Edad: 14 años. Está enfadada, confundida, recelosa, odia a los hombres, pero anhela su atención y su beneplácito, y se siente perdida.

- **La programación de la crianza:** me juzgo, me avergüenzo y me odio por ser así. Me digo cosas que me decían mis padres del tipo «No tengo moral» o «Soy una zorra sin principios». Llevo mucho tiempo ignorando los llantos de esta NIH y le digo que «madure ya» cuando se molesta.
- **El plan de reeducación:** voy a practicar un diálogo interno más amable conmigo misma y con mi NIH. Dedicaré treinta minutos cada semana a plasmar en un diario las heridas, miedos, experiencias y esperanzas de mi NIH hasta que sienta que la entiendo mejor y que nuestra relación ha mejorado. Cuando esté lista, haré el ejercicio de «luces-cámara-acción» y le daré todo el amor, el apoyo y la seguridad que precisa para sanar. Mi objetivo es ser la madre segura y comprensiva que necesita para superar esta herida de la adolescencia.

Cuando hayas creado tu plan de reeducación, colócalo en un lugar visible o al que puedas acceder con regularidad. Configura una alarma en el teléfono o anótalo en el calendario como si fuera una cita. Pero recuerda que no es inamovible. Tal vez necesites modificar tu plan de recrianza poco después de empezar. ¡Y es que todo esto es nuevo! Así que recuerda ser amable contigo mismo y permitirte cierta flexibilidad. Quizá te has propuesto demasiado y debes reducir la frecuencia. O quizá solo puedas hacerlo una vez al mes, pero te das cuenta de que es preciso dedicar más horas de ese día a tus NIH. O puede que intentes alguno de los ejercicios y no te convenza, y tengas que cambiar de método. Habrá cosas que no funcionen o que «salgan mal» al principio. Eso no es malo. Son datos que puedes usar para hacer ajustes. Todo esto también es parte de la reparentación, pues estás empleando la escucha activa y la autoconciencia para atender las necesidades de tus NIH y las tuyas propias, y practicando el amor propio al adaptarte para satisfacer esas necesidades.

Si esto te resulta abrumador, recuerda concentrarte en la tarea que tienes por delante. Pregúntate: «¿Cuál es el siguiente paso?». Este proceso es gradual y no hay límite de tiempo. A veces queremos «acabar de una vez» en lo que respecta a reeducar a tus niños internos heridos, pero en esencia consiste en crear una relación sana entre vosotros. Se trata de ser una persona más consciente, compasiva y amable, contigo y con tus NIH. Se trata también de sanar las heridas del pasado y reducir los síntomas de tu presente para que tu futuro se colme del alivio, la paz, la seguridad y la satisfacción interior que mereces. Si en algún momento sientes confusión o te agobias, vuelve a esta verdad. Si decides centrarte en aprender a escuchar mejor esas voces internas, responder con amabilidad y simplemente intentarlo, eso es más que suficiente para que haya progreso y cambio.

La historia de Dan

Dan acudió a terapia después de que su esposa amenazara con dejarlo por ser un padre y un marido ausente. Como marido, se comportaba como un niño, esperando que su pareja lo hiciera todo. Como padre, actuaba como su propio padre: emocionalmente inaccesible, duro y reactivo. El impacto de la amenaza de su esposa lo sumió en la desesperación en busca de respuestas. Sin embargo, Dan era completamente reacio a cualquier técnica de reparentación y no creía en los NIH. Así que, durante el primer año, se esforzó en incrementar la conciencia de sí mismo, aprender sobre hábitos de crianza efectivos y autodisciplinarse para hacerse cargo de las tareas del hogar. Durante este tiempo, Dan se dio cuenta de que se encontraba con «obstáculos» y que estos no provenían de heridas ni debilidades. Investigó sobre su infancia y descubrió que le habían diagnosticado TDAH severo, pero nunca recibió tratamiento. Esto abrió la caja de Pandora.

Dan se sintió traicionado por sus padres y enormemente afligido al pensar en lo fácil que podría haber sido su vida si hubiera recibido la ayuda y el apoyo que necesitaba. Dan priorizó el tratamiento de su TDAH y contactó con un médico, con un especialista que le controlaba la medicación y con un terapeuta ocupacional para incrementar su independencia funcional. Este cambio de prioridades transformó su vida drásticamente. Procesó sus emociones en las sesiones de terapia y practicó una forma nueva y más amable de hablarse a sí mismo, ya que ahora entendía que no era «bobo y perezoso». Su ansiedad disminuyó, su autoestima aumentó y mejoró la relación con su esposa y la conexión con sus hijos. Un día, Dan me dijo: «Me alegro mucho de no haber dejado que me llevaras por ese camino absurdo de la reeducación. Todavía estaría dando vueltas y llorando por cosas que no puedo cambiar». Contuve la risa y Dan me miró con curiosidad. «¿Acaso no lo ves? —le dije—. ¿Qué crees que has estado haciendo todo este tiempo...?».

Conclusiones

- Reeducar a tus niños internos heridos te conduce de manera consciente hacia un nuevo estilo de vida que nace de la autocompasión, el conocimiento, la paciencia y el amor.
- Reeducar a tus niños internos heridos requiere tiempo, intención y mucha dedicación. Reservar tiempo en el calendario para la reeducación y ser constante te ayudarán a no desistir y ver el progreso, y, sobre todo, a encontrar alivio con mayor rapidez.
- Establecer un plan de reeducación te ayuda a crear el guion y a adquirir el compromiso que necesitas para priorizarte a ti y a tu sanación en medio de tu apretada agenda.

Preguntas para reflexionar

- ¿Cuánto tiempo y con qué frecuencia vas a reeducar a tus niños internos heridos? (Si estás perdido y no sabes qué espacio reservar en tu agenda para reeducar a tus niños internos, seguro que encuentras ideas que te guíen en las páginas 174-182).
- Completa tu plan de reeducación y luego reflexiona sobre él. Busca un espacio en el que te sientas seguro y observa cuánto has progresado en términos de autoconciencia, reconocimiento y dedicación a tu propia sanación. ¿De qué aspecto de este proceso te sientes más orgulloso hasta ahora?

- ¿En qué crees que ya has empezado a reeducarte a ti y a tus niños internos heridos? Anota todos los ejemplos que se te ocurran, tanto tuyos como de los NIH que hayas identificado.

CUARTA PARTE

Crecer

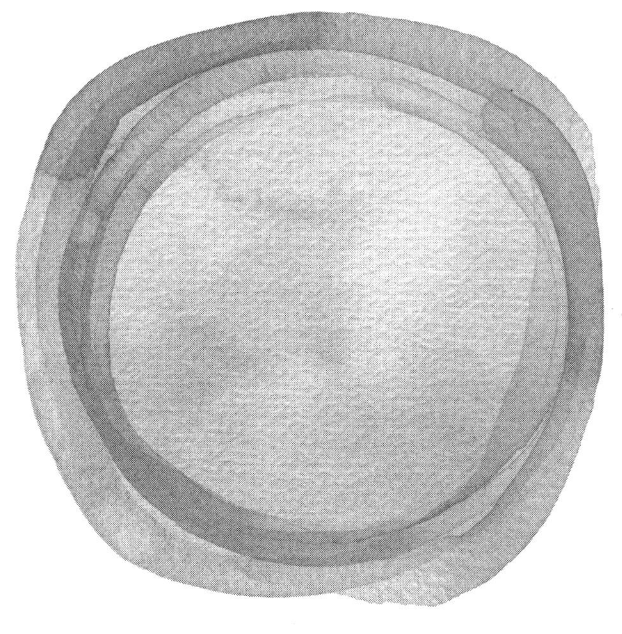

13

LAS RABIETAS: CONTRATIEMPOS, SÍNTOMAS Y AUTOCOMPASIÓN

Has adquirido el conocimiento fundamental sobre tus niños internos heridos y las herramientas necesarias para reeducarlos. Ahora solo queda ponerse manos a la obra. Este es un momento decisivo para muchas personas. Te encuentras en una encrucijada en tu camino de sanación. ¿Irás a la izquierda? Por el camino conocido y trillado que consiste en más de lo mismo y acaba llevándote de vuelta al punto de partida. ¿O irás a la derecha? Por el camino desconocido e inexplorado que consiste en desafíos, cambios, sanación y crecimiento. Todos decimos que queremos ir a la derecha, pero la mayoría no lo hacemos. Nuestras heridas y miedos, aunque dolorosos, nos resultan familiares y acogedores. Y a nuestro cerebro le gusta la comodidad. Pero ¿y nuestra alma? Nuestra alma busca ser libre. Anhelamos el cambio y el avance, pero no queremos reconocer que se encuentran al final de ese camino oscuro y sinuoso. Es tu oportunidad de escoger intencionalmente ir a la derecha. Para elegir romper el ciclo. Para recorrer el camino desconocido. Nadie lo describe mejor que Robert Frost en su poema «El camino no tomado»:

Dos caminos divergían en un bosque,
y yo...

YO tomé el menos transitado,
y eso supuso la diferencia.

Es hora de que las cosas sean diferentes. Si has leído incontables libros de autoayuda, tienes un centenar de manuales a medio terminar o has acudido a terapia de forma intermitente, ha llegado el momento de cambiar. Puedes hacerlo, porque no estás solo. Muchos te han precedido y otros tantos te acompañan recorriendo su propio camino. Lo que más nos frena a la hora de elegir algo diferente es el miedo a lo desconocido. A veces, no saber qué esperar o sentirnos incapaces de disponernos al cambio puede ser tan aterrador que nos paraliza, por mucho que deseemos sanar. Para eso está este capítulo.

Analizaremos los obstáculos y los problemas que podríamos encontrar y nos prepararemos lo mejor posible para que, con un poco de suerte, te resulte menos abrumador y encuentres el coraje necesario para seguir adelante.

Los contratiempos

En el proceso de reparentar tendrás contratiempos. Supone un esfuerzo extraordinario y tendrás que descansar para recuperarte. Sentirás fatiga y necesitarás darte un respiro. Te afectará emocional y mentalmente. Habrá días en los que sencillamente no te apetecerá seguir. Como cualquier otro hábito saludable que queramos incorporar a nuestra vida, es un proceso, y a menudo complicado. No buscamos «perfección»; buscamos progreso. Un progreso que necesita tiempo y un ritmo con el que te sientas a gusto. Recuerda que algunos de tus niños internos heridos llevan años siendo desconocidos, ignorados o desatendidos. Varias de tus heridas tienen décadas de antigüedad. Parte de las creencias que tienes sobre ti mismo comenzaron al nacer. Te llevará tiempo conectar con estas partes de ti, sanarlas y reeducarlas. Todo lo que requiere tiempo encuentra contratiempos. La recrianza no es diferente. Cuando descubrimos un nuevo método de sanación, se nos despierta la esperanza. Esa esperanza crea motivación, y esa motivación perdura hasta que sufrimos nuestro primer revés. Es entonces cuando la mayoría de la gente se rinde y da marcha atrás. Quienes logran levantarse y seguir adelante, tienen un plan para los contratiempos porque los anticipan. Así que ¿cuáles serán los tuyos? Medita un instante (sin juzgar) sobre los momentos de tu vida en los que te has dado por vencido después de un tropiezo. ¿Qué sucedió? ¿Por qué? ¿Fueron los mismos problemas de siempre? Ten claro cuáles son. Aquí tienes los que suelen aparecer con más frecuencia para ayudarte a reflexionar:

- El ajetreo de la vida nos dificulta priorizar el proceso de reeducación.
- Nos topamos con una herida o un recuerdo que no estamos listos para afrontar.
- Actualmente mantenemos relación con las personas que nos hirieron y tememos que esta se vea afectada con la sanación.

- Tenemos dudas sobre el proceso y sentimos miedo de preguntar.
- No vemos el progreso que estamos logrando.

Ten un plan para afrontar tus contratiempos y evitarás que te hagan salirte del camino. UN CONSEJO: tu plan no puede ser un mero «sigue adelante». Aferrarnos a nuestro deseo de sanar no nos llevará a ninguna parte. Tu plan debe basarse en la autocompasión y en algo que te anime a continuar. Puede incluir elementos como:

- Establecer un plan realista que puedas mantener y ajustar según sea necesario.
- Anotar esa herida o recuerdo y guardarlo en un sobre sellado hasta que te sientas listo para afrontarlo.
- Recordar que este es un viaje interior y que no estás obligado a hablar de nada con nadie.
- Haz la pregunta. Ponte en contacto conmigo. Acude a un profesional. No dejes que una pregunta o una confusión te detengan.
- Presta atención a los pequeños detalles y celébralos a lo grande. ¿Te has planteado intentar en breve algún ejercicio de recrianza? ¡Genial! ¡Felicítate!

Los contratiempos son parte del proceso. No reflejan tu esfuerzo ni significan que hayas fracasado. Nuestros mayores avances pueden producirse cuando sufrimos un revés y simplemente nos comprometemos a resolverlo. Nuestros NIH verán que estamos dispuestos a todo para ayudarlos a sanar, que nos tratamos con amor y cariño, y que cuando superamos los obstáculos salimos fortalecidos e incentivados para seguir adelante. Acepta que habrá imprevistos y comprométete a continuar porque mereces una vida plena.

Los síntomas

¿Recuerdas todos esos síntomas molestos de los que hablamos en el capítulo 4? A veces pueden reaparecer (si han estado latentes) o intensificarse un poco cuando estamos en plena reeducación. Esto se debe en gran medida a que nuestro cerebro solo intenta protegernos. Imagina que te quemas al tocar una estufa. Tu cerebro no quiere que la vuelvas a tocar nunca más porque... ¡quema! Pero te das cuenta de que la estufa sigue encendida, así que extiendes la mano para apagarla. Tu cerebro solo ve que te estás acercando a lo mismo que te ha hecho daño, así que empieza a entrar en pánico. Ese «pánico» a menudo se manifiesta en forma de ansiedad, de respuesta traumática o sencillamente en miedo. Tu cerebro únicamente intenta mantenerte a salvo, sin comprender tus intenciones. A veces a nuestro cerebro le cuesta distinguir entre cuándo estamos reviviendo algo y cuándo es solo un recuerdo. Si permitimos que nuestros NIH nos muestren experiencias que nos hirieron o conectamos con emociones que necesitamos sentir para afrontarlas, nuestro cerebro podría pensar que está sucediendo de nuevo y responder de la misma manera. Aquí es donde puede ser útil el uso de apoyo experto. Los profesionales de la salud mental son personas de confianza que crean espacios seguros para que puedas superar tus heridas sin revivir el trauma. El trabajo de reparentación es una de las sanaciones más profundas que podemos realizar, por lo que siempre se recomienda acudir a un especialista. Sin embargo, si no quieres o no puedes recurrir a él, revisa esta lista antes de comenzar tu proceso de reeducación:

- Cuenta al menos con una persona de confianza a la que puedas llamar cuando lo necesites y que sepa que estás inmerso en este proceso.
- Llena tu caja de herramientas de salud mental con ejercicios de conexión y técnicas de regulación.
- Conoce tus niveles de tolerancia al estrés. ¿Cuánto malestar, mental o emocional, puedes soportar sin tener una respuesta traumática? Trabaja para aumentar tu tolerancia al estrés y mantente dentro de tu umbral al realizar cualquier tarea de reparentación.
- Dispón de un plan por si te encuentras con una herida, un recuerdo o un síntoma que te resulte demasiado significativo para gestionarlo en soledad. Existen comunidades terapéuticas, grupos de apoyo y recursos muy útiles ahí afuera.

Tener una rutina sólida de autocuidado es vital para controlar cualquier empeoramiento de los síntomas. No, no hablo solo de baños relajantes y manicuras. El autocuidado es un plan intencional para cuidarte a ti y a tus NIH de forma anticipada y con regularidad. Hay mucha gente haciéndolo *a posteriori* y llamándolo autocuidado. Por ejemplo, el autocuidado es saber cuándo tomarse un descanso y relajarse. Si eres padre o madre, sabes que desconectar, distraerte o divertirte sin filtros también es parte de la crianza. Lo mismo ocurre con la recrianza. Esto no es una carrera; tus heridas no sanarán más rápido por meterte presión. El objetivo de la recrianza es establecer una conexión con tus NIH que nazca de la seguridad y el amor. Lanzar piedras al río, comprar un pastel y tomártelo para cenar, o bailar en el salón es recrianza y supone una forma excepcional de autocuidado. Así que pregúntate: «¿Qué me aporta alivio y me recarga las pilas mental, emocional, física y socialmente?».

La regresión

La regresión es un fenómeno muy real e interesante. Originalmente introducida por Freud, la regresión se produce cuando una persona básicamente «retrocede» —mental, emocional o conductualmente— a una etapa anterior de su desarrollo (Lokko y Stern, 2015). Un ejemplo común de regresión es cuando los niños mayores manifiestan un retroceso en el habla y se expresan como un bebé, a menudo llamado «lenguaje infantil». La regresión de un niño a un lenguaje infantil puede ocurrir por numerosas razones, como el nacimiento de un hermano o una alteración importante en la vida, como son un divorcio o un cambio de residencia. Sin embargo, la regresión también ocurre en adultos, en particular en adultos con traumas infantiles. Puede desencadenarse por angustia, miedo, inseguridad o ira. A menudo retrocedemos en un intento de volver a un momento anterior en el que nos sentíamos seguros, inocentes o protegidos por alguien. La regresión existe en un espectro y puede ser desde sutil e inofensiva (querer acurrucarse con un peluche) hasta más evidente y dañina (tener una rabieta que incluye arremeter contra la pared). Aunque no es muy frecuente, cabe la posibilidad de que al reeducar a tus NIH experimentes una regresión. Si tu trauma infantil fue extremo y te preocupa la regresión, te animo a que busques orientación y apoyo profesional. Sin embargo, para muchos de nosotros, la regresión puede ser la forma en que tu NIH intenta expresarse o llamar tu atención. Algunos ejemplos de regresión son:

- **Notarte vulnerable, pequeño, necesitado o asustado como lo haría un niño.**
- **Sentirte abrumado por la emoción y con el deseo de expresarla de forma infantil (como sollozar sin control, tener un ataque de ira, mecerte hacia delante y hacia atrás).**
- **Percibirte más joven por dentro («Me siento como si tuviera seis años otra vez»).**
- **Desarrollar intereses más propios de la infancia (películas, pasatiempos, juegos o juguetes).**

Todo esto, y cualquier otra experiencia que puedas llegar a vivir en una regresión, está bien. Cualquier comportamiento comunica una necesidad insatisfecha. Así que, si sientes que tu comportamiento es más infantil, pregúntate: ¿Qué necesito yo (o mi NIH) en este momento? Al igual que los niños, a menudo necesitamos consuelo, seguridad, que nos escuchen y que nos validen. Abrazarte, brindar seguridad o permitirte llorar son gestos pequeños, pero poderosos, que a menudo calman a nuestros NIH igual que lo harían con un niño. ¡Prueba estos gestos y cualquier otra respuesta compasiva para ver qué te funciona mejor! Recuerda que reconocer cómo te sientes, preguntarte cuáles son las necesidades de tu NIH y satisfacerlas son formas de recrianza que te aportarán sanación.

La historia de Paige

Paige estaba emocionada con la idea de afrontar por fin las heridas de su niñez y el pasado que la atormentaba. Se inscribió entusiasmada a mi taller «Date hoy lo que no tuviste ayer», acudió a todas las sesiones, tomó notas y formuló muchas preguntas. Tres semanas después de que terminara el taller, Paige me contactó diciendo que estaba frustrada, se sentía estancada y no sabía qué hacer. Había establecido un horario diario de afirmaciones y dedicaba tiempo dos veces por semana a practicar la reparentación, pero tenía la sensación de que no estaba funcionando. Se sentía peor. Estaba agotada, lloraba constantemente y sufría pesadillas. Dijo que «era obvio que lo estaba haciendo mal» porque no mejoraba. Le pregunté por qué hacía tanto en tan poco tiempo y a qué se debía la prisa. Me respondió: «¡Porque ya no quiero sentirme así! ¡Llevo sintiéndome de esta manera toda la vida y nada lo arregla!». Le pregunté a Paige si quizá lo que necesitaba su NIH no era que la presionara para sentirse mejor, sino que simplemente la escuchara y la validara. Paige tuvo un momento revelador. Seguía tratando a su NIH como su madre la había tratado. Como una carga cuyas emociones eran una molestia. Se dio cuenta de que sus síntomas eran su NIH luchando contra la negligencia perpetuada y gritando para hacerse oír. En ese momento decidió que su nuevo plan solamente incluiría llorar si necesitaba llorar, escuchar y validar a su NIH y priorizar el descanso. Un mes después, Paige me contactó diciendo que hacía mucho tiempo que no se encontraba tan bien (las pesadillas y el agotamiento habían desaparecido), que había llorado más en un mes que en diez años, ¡y que se sentía genial! Su nuevo plan de recrianza consistía en aprender a jugar y divertirse, algo que nunca antes había hecho.

Conclusiones

- El proceso de reparentación conlleva contratiempos, así que inclúyelos en tu planificación y no dejes que te desanimen.
- Los síntomas a veces pueden aumentar durante la reeducación de nuestros NIH. No hay problema. Ten un plan y no dudes en buscar ayuda profesional si es necesario.
- A veces puede producirse una regresión al lidiar con las heridas de la infancia; abórdala desde la curiosidad, no desde la autocrítica. Busca apoyo profesional si lo necesitas.

Preguntas para reflexionar

- ¿Qué contratiempos encontraré con mayor probabilidad? ¿Cuál es mi plan para gestionarlos?
- ¿Qué síntomas (si los hay) me preocupa experimentar? ¿Cuál es mi plan para afrontarlos?
- ¿Considero que buscar apoyo profesional sería beneficioso o necesario? De ser así, ¿qué puedo hacer para obtener el apoyo que necesito?

14

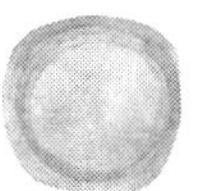

EL IMPACTO: LOS NIÑOS INTERNOS SANADOS AYUDAN A SANAR EL MUNDO

Aunque este libro esté llegando a su fin, tu sanación apenas acaba de empezar. No pretendía abarcar en él la totalidad de tu viaje, sino enseñarte el camino. Quizá te sientas incómodo o dudes por dónde seguir, pero eso no solo es normal, sino que es positivo. Vivimos en una época en la que queremos que todo sea claro, detallado e inmediato. Lamentablemente, reparentar a tu niño o niños interiores heridos no se parece en nada a eso, y a la vez es lo que lo hace tan hermoso. Es un proceso desordenado, turbio, a veces confuso y muy personal. Este libro está destinado a proporcionarte el conocimiento, el lenguaje y las herramientas para aumentar tu capacidad de reflexión y autoconciencia. Pero recorrer el camino de la recrianza depende de ti y has de hacerlo por tu cuenta. Sin embargo, no estás solo. Si bien cada proceso de reeducación es individual, todos recorremos juntos este camino de sanación. La pregunta que ahora te surge y debes responder es:

¿Confío lo suficiente en mí
para dar el siguiente paso?

No necesitas controlar absolutamente cada detalle, y si sientes que deberías, practica aceptar la verdad de que nunca tendrás el control de todo, y que no pasa nada. Habrá NIH de los que aún no eres consciente y heridas que aún no estás preparado para sanar. Si eso te asusta o sientes que necesitas tenerlo claro ya mismo, practica aceptar la realidad de que nunca lo sabremos todo, y que no pasa nada. La vida tiene una forma curiosa de revelarte qué es lo que estás listo para sanar. Así que presta atención a tus pensamientos, a lo que sucede en tu vida y a cómo te sientes. Puedes usar las indicaciones, ejercicios y herramientas para organizarte u orientarte, pero debes reconocer esta importante verdad:

Reeducar a tus niños internos heridos
es algo que ocurre en tu día a día.

Está entretejido en la forma en que te hablas a ti mismo, en los pensamientos que acuden a tu mente y en esas diez mil pequeñas decisiones que tomas a diario. No es un libro de ejercicios para completar ni un curso que debas aprobar y listo. Es una relación contigo mismo. Es un viaje de sanación que te lleva de tu herida a un lugar de plenitud.

Los ingredientes más importantes para la recrianza son la autocompasión, la amabilidad y el amor. Los ejercicios y afirmaciones no sirven de nada si no practicas estas tres cualidades. Esto se debe a que la autocompasión, la amabilidad y el amor son las necesidades primordiales de tus niños internos heridos. Cada experiencia traumática o momento doloroso que vivieron tus NIH carecía de al menos uno de estos componentes. Así que, aunque solo practiques maneras de ser un poco más compasivo contigo mismo, eso te reportará de por sí bienestar y un cambio profundos. Aunque suene simple y un tanto contradictorio (esperamos que las heridas grandes requieran acciones desmesuradas), pensar en vivir desde la autocompasión puede resultar abrumador y, a veces, imposible. Pero recuerda: has estado practicando la autocompasión desde el momento en que elegiste este libro. La has aumentado con cada «ajá», con cada frase resaltada o párrafo subrayado, con cada lágrima que has derramado o con cada palabrota que se te ha escapado. Has ido aprendiendo a quererte un poquito más. Y, con cada recuerdo que has evocado, cada trauma que has validado y cada NIH que has reconocido, has pasado de juzgarte a ciegas y sentir vergüenza a adquirir perspectiva y comprensión. Esa transformación alivia tus heridas con el bálsamo calmante de la autocompasión, permitiendo que empiecen a sanar. Ya has comenzado a sanar.

A medida que practicas los ejercicios de reparentación e incorporas las herramientas a tu vida diaria, verás que ganas confianza e impulso. Cuantos más desajustes e interrupciones permitas al proceso, más fácil será seguir adelante. Recuerda: la práctica hace el progreso, no la perfección. A menudo el concepto de perfección suele ser uno de tus niños internos heridos en busca de aceptación. Estás en proceso de aprender un nuevo idioma, una nueva forma de tratarte y de adquirir una perspectiva distinta sobre tu pasado. Así que ten paciencia contigo mismo y reconoce que reeducar a tus niños internos heridos lleva tiempo. Acelerar el proceso o abandonarlo no lo adelantará. Tus heridas no se irán a ninguna parte, así que tómate todo el tiempo que necesites y avanza al ritmo que te resulte más cómodo. El objetivo es el camino en sí. Simplemente seguir adelante. No rendirse, continuar intentándolo, seguir sanando es uno de los actos de amor propio más grandes y esenciales que podemos llevar a cabo.

El impacto de la reeducación

Reeducar a tus niños internos heridos no solo te ayuda a vivir una vida mejor, sino que tiene un efecto dominó que impacta en la vida de tus conocidos. Cuando somos compasivos con nosotros mismos, solemos serlo también con quienes reflejan los mismos comportamientos que juzgamos en nosotros. Asimismo, cuando entendemos por qué nos comportamos como lo hacemos sin juzgar, podemos ver con mayor claridad las heridas que impulsan las acciones de quienes nos rodean. Vivir una vida de autenticidad, autoaceptación y amor es un ejemplo para quienes nos acompañan. Todo ser humano de este planeta ha sufrido alguna herida y ha deseado aliviar el dolor que le ha dejado, ya sea físico, mental o emocional. Lo mejor que puedes hacer para ayudar a los demás es sanar tus heridas. Al hacerlo, demuestras que es posible y das esperanza a los demás. La esperanza de que el cambio, el alivio y la paz son posibles es lo que nos impulsa a seguir adelante, a seguir intentándolo.

Uno de los mayores beneficios de la recrianza es que, al romper el ciclo, protege a las futuras generaciones del trauma y el abuso generacional. Si eres padre o madre, es posible que hayas experimentado ese arrebato de desesperación por proteger a tus hijos o evitarles el dolor y la pena que tú has conocido. El deseo de que nuestros hijos tengan una mejor experiencia es lo que ha impulsado la evolución de la humanidad. Vivimos en una era de acceso instantáneo a la información que nos ha hecho profundamente conscientes de las tragedias y horrores que existen. Sin embargo, las investigaciones demuestran claramente que estamos más sanos que nunca y que vivimos en tiempos más seguros que en ningún otro momento de la historia de la humanidad (Gentry, 2022).

El trauma (qué es y qué lo causa) es cada vez más conocido. Nuestra conciencia de cómo se manifiesta el abuso y el impacto que tiene en nosotros se comprende con más claridad que nunca. Acceder a servicios como terapia, grupos de apoyo, talleres y seminarios o leer libros de autoayuda está menos estigmatizado y se ha ido normalizando. Las generaciones más jóvenes, en particular los mileniales, buscan información y orientación sobre cómo ser los mejores padres y no perpetuar ciclos familiares tóxicos. Todo esto nos ayuda a mejorar como humanidad. Pero lo que mayor impacto tiene siempre ha sido y siempre será la propia sanación. Imagina que tus cuidadores hubieran hecho lo mismo. ¿Qué habría variado para ti? ¿Qué hubiera pasado si tus abuelos o bisabuelos lo hubieran hecho? ¿Cómo habría cambiado eso las cosas? ¿Qué experiencias habrías tenido o no? ¿Qué heridas no existirían? ¿Quién serías? ¿Qué diferencias habría supuesto contigo mismo, con los demás y con la vida en general?

El peso de romper ciclos generacionales y hacer malabarismos con la recrianza de tus NIH a la vez que educas a tus propios hijos puede resultar abrumador. En ocasiones sentimos dolor, resentimiento o ira que debemos procesar a la vez. Pero también es uno de los mayores honores que se nos pueden conceder. Tus hijos y las generaciones futuras te señalarán y dirán: «Gracias a su empeño, hoy soy quien soy». Si deseas ser un mejor padre o madre, comienza por reeducarte a ti mismo. Por difícil que sea, es una tarea de la que nunca te arrepentirás. Si eres joven o no tienes hijos, no hay mejor momento para hacerlo. Cuanto antes priorices tu proceso de reeducación, más rápido recuperarás el control. El trauma, el abuso y los recuerdos dolorosos de tu pasado ya te han robado suficiente vida. No dejes que lo sigan haciendo ni un segundo más. Si eres mayor, aunque quizá tus hijos ya estén criados, has de saber que aún estás a tiempo. A veces nos duele no haber aprendido algo antes, y está bien. Pero celebra que ahora estás aquí y que mereces dejar atrás el dolor que llevas soportando tanto tiempo, y experimentar el alivio y la paz que te corresponden por derecho.

En resumen: creo en ti, estoy aquí para apoyarte y no estás solo. Puedes lograrlo, te lo mereces y es hora de sanar. Tus niños internos heridos te esperan, así que... ¡que empiece tu viaje de sanación!

Mi historia

La primera persona con la que recorrí el proceso de reparentación fui yo misma. De hecho, mi proceso continúa hoy en día. Dos días antes de escribir el último capítulo de este libro, me topé con una NIH desconocida cuando, de repente, me asaltaron pensamientos intrusivos e irracionales sobre mi propio hijo. En ese momento, no entendía qué estaba pasando. No era consciente de que mis circunstancias actuales habían desatado una NIH dentro de mí que había comenzado a pedir ayuda. Y, desde luego, no pensaba conscientemente: «Anda, mira qué NIH hay por aquí; deja que me reeduque en un segundito para sanar». Al contrario. Era un mar de confusión, miedo, dolor y pánico. Sin embargo, llevo tanto tiempo en el proceso de recrianza que reconocí las pistas que eran esos sentimientos y sensaciones. Algo estaba sucediendo en mi interior.

Empecé por lo básico. Respiré. Reconocí la urgencia de reprimir los sentimientos e ignorar las sensaciones que experimentaba mi cuerpo. Y entonces tomé la decisión consciente de no actuar acorde a ese estímulo. En cambio, abrí la boca, hablé y le pedí ayuda a una amiga. Seguí los impulsos que tenía (sin percatarme de que los provocaba mi nueva niña interior herida, aún no identificada). Me permití expresar las emociones que sentía, que no entendía y que me avergonzaba tener. Practiqué la compasión y la amabilidad conmigo misma. Me pregunté: «¿Cuál es el siguiente paso? ¿Qué necesito hacer para sentirme segura?». Y, cuando todo encajó y me di cuenta de lo que estaba sucediendo, aproveché la oportunidad para reparentar a pesar de que era un momento «inconveniente». Le di permiso a mi NIH para que sintiera y dijera todo lo que necesitaba. Y vaya si tenía que decir. Le ofrecí espacio. Lloré con ella. Validé su dolor. Le dije que se merecía algo mejor y que lamentaba lo que había pasado. Le prometí que estaría a salvo conmigo y que nunca la trataría como lo habían hecho. Me abracé hasta que me calmé, y mi NIH respiró aliviada. Escribí en mi diario lo sucedido. Luego preparé un bol gigante de helado para mí y para mi NIH. Esa noche dormí mejor que en años.

Mi camino de sanación continúa como el de todos. Es complicado, tortuoso y está en constante evolución. No consiste en marcar una casilla o en alcanzar una meta:

Es una forma de vivir, una forma de ser.

Es darnos un final mejor
que el principio que tuvimos.

Es romper los ciclos del pasado
y dar paso a lo nuevo.

Es una forma de dejar este mundo
un poco mejor que como lo
encontramos.

Es encarnar el lugar seguro
que siempre anhelamos de niños.

Es amarnos a nosotros mismos
como siempre hemos merecido.

Conclusiones

- Reeducar a tu niño o niños interiores heridos es un estilo de vida.
- La autocompasión, la bondad y el amor son los aspectos más importantes de la reeducación.
- Puede que este sea el final del libro, ¡pero es el comienzo de tu camino de sanación!

Preguntas para reflexionar

- ¿Cuáles son los cinco beneficios principales (para mí y para los demás) que obtendré al reeducarme?
- ¿Cómo puedo empezar hoy a practicar la compasión conmigo mismo?
- ¿Cuál es mi siguiente paso?

AGRADECIMIENTOS

Ante todo, gracias a New Harbinger Publications y a mi editora, Jennye Garibaldi, por darme una oportunidad que me ha cambiado la vida. Habéis aguantado con perseverancia y una paciencia infinita mis traspiés durante el proceso. Me habéis apoyado y animado en cada paso. No tendría agradecimientos que escribir de no ser por vosotros. No sé cómo transmitiros mi profunda gratitud.

A la doctora Lindsay Gibson: si tuve esta posibilidad con New Harbinger Publications fue gracias a ti. Entraste en mi vida por casualidad y nuestro encuentro fortuito siempre será una de las mejores cosas que me han pasado. Tus consejos, tu orientación, tu apoyo, tu energía y tu gentileza han sido profundamente terapéuticos. Tus palabras de aliento eran mi chaleco salvavidas cuando me engullían las aguas de la escritura. Eres inspiración, un ejemplo increíble y un ángel en la tierra. Mi gratitud por ti no tiene límites.

Gracias a Will y Mychele, de la Academy of Self Help (ASH). Fuisteis la pieza que inició el efecto dominó que me llevó a este libro. Me encontrasteis en redes sociales y me hicisteis partícipe de vuestra hermosa comunidad. Me presentasteis a la doctora Gibson. Avivasteis la llama, me proporcionasteis la plataforma y creasteis un espacio seguro donde crecí como persona y como profesional. Os debo muchísimo.

Al trípode que me sostiene: Mary Mathis-Burnett, Andria Downes y Michael Downes. Sois mis mejores amigos y mi familia. También habéis sido mi muro de contención cuando temía no poder hacerlo y el espacio seguro donde me derrumbé cuando lo conseguí. Me habéis calmado cuando entraba en pánico, habéis gestionado mis debacles emocionales, me habéis dado ánimos cada vez que pensaba en abandonar y me habéis obligado a darme la enhorabuena. Os quiero con toda mi alma.

Gracias a mi familia. A mi madre April, a mi padre Michael, a mi hermano Charlie y a mi cuñada Jamie. Mamá y papá, avivasteis la llama de mi pasión por escribir desde niña y siempre pensasteis que llegaría a ser escritora. Gracias por creer en mí siempre. Charlie y Jamie, vuestro ánimo, entusiasmo y apoyo me dieron fuerzas para seguir cuando dudaba de mí. Muchas gracias a todos.

A mis pacientes; vosotros sois los verdaderos héroes aquí. Gracias por confiarme vuestras historias, vuestros niños internos heridos, vuestro corazón y vuestros viajes de sanación. Gracias por permitir que comparta vuestras experiencias con el mundo para que otros tengan esperanza. Gracias por no dejar de luchar, por creer en vosotros y por saber que merecéis sanación y libertad. Acompañaros en vuestro viaje de sanación ha sido el mayor honor profesional de mi vida.

Por último, gracias a mi hijo. Tu llegada a mi vida inició mi camino de reeducación. El amor que siento por ti me dio el coraje necesario para enfrentarme a mis miedos más profundos y a mis fantasmas más oscuros. No sería la persona que soy hoy sin ti. Eres lo más grande que he creado y que jamás crearé. Aportaste alegría a mi vida a niveles que creía imposibles y quererte me enseñó lo que es amar de verdad. Mi principal misión en la vida es proporcionarte una infancia de la que nunca necesites sanar. Te querré por y para siempre.

FUENTES

American Psychiatric Association, *Diagnostic and Statistical Manual of Mental Disorders*, 5.ª edición, texto revisado, Virginia, Arlington, APA, 2022. [Hay trad. cast.: *Manual diagnóstico y estadístico de los trastornos mentales*, texto revisado, DSM-5-TR®, Buenos Aires, Editorial Médica Panamericana, 2024].

Anderson, Frank. G., *Transcending Trauma: Healing Complex PTSD with Internal Family Systems*, Wisconsin, Eau Claire, PESI Publishing, 2021. [Hay trad. cast.: *Trascender el trauma: tratamiento del TEPT complejo mediante la terapia Sistemas de familia interna*, Barcelona, Editorial Elephteria, 2022].

Basten, Cristopher y Stephen Touyz, «Sense of Self: Its Place in Personality Disturbance, Psychopathology, and Normal Experience», *Review of General Psychology*, n.º 24 (2), pp. 159-171, 2020, <https://doi.org/10.1177/1089268019880884>.

Baumrind, Diana, «Current Patterns of Parental Authority», *Developmental Psychology*, n.º 4, pp. 1-103, 1971, <https://doi.org/10.1037/h0030372>.

Berne, Eric, *Transactional Analysis in Psychotherapy: A Systematic Individual and Social Psychiatry*, Nueva York, Ballantine Books, 1989. [Hay trad. cast.: *Análisis transaccional en psicoterapia: una psiquiatría sistemática, individual y social*, Buenos Aires, Psique, 1985].

Brown, Brené, *The Gifts of Imperfection*, Mineápolis, Minesota, Hazelden Publishing, 2010. [Hay trad. cast.: *Los dones de la imperfección. Libérate de quien crees que deberías ser y abraza a quien realmente eres: guía para vivir de todo corazón*, Madrid, Gaia, 2012].

Brown, Elissa J., Judith A. Cohen y Anthony P. Mannarino, «Trauma-Focused Cognitive-Behavioral Therapy: The Role of Caregivers», *Journal of Affective Disorders*, n.º 277, pp. 39-45, 2020.

Capacchione, Lucia, *Recovery of Your Inner Child*, Nueva York, Simon and Schuster, 1991.

Erikson, Erik H., *Childhood and Society*, Nueva York, W. W. Norton and Company, 1950. [Hay trad. cast.: *Infancia y sociedad*, Buenos Aires, Hormé, 2008].

—, *Identity and the Life Cycle*, Nueva York, W. W. Norton and Company, 1994.

Fox, Emmet, *The Wonder Child*, Camarillo, California, DeVorss Publications, 1960.

Frost, Robert, *Complete Poems of Robert Frost*, Austin, Texas, Holt,

Rinehart and Winston, 1968. [Hay trad. cast.: *Poesía completa. Robert Frost*, Ourense, Ediciones Linteo, 2017].

Gentry, J. Eric, *Forward-Facing Trauma Therapy: Healing the Moral Wound*, 2.ª edición, Parker, Colorado, Outskirts Press, 2022.

James, Muriel, Breaking Free: *Self-Reparenting for a New Life*, San Francisco, California, Addison-Wesley Publishing Company, 1985.

Janov, Arthur, *The Feeling Child: Preventing Neurosis in Children*, Nueva York, Simon and Schuster, 1975.

Jung, Carl G. y K. Kerényi, *Introduction to a Science of Mythology: The Myth of the Divine Child and the Mysteries of Eleusis*, traducido por R. F. C. Hull, Londres, Routledge and Paul, 1951. [Hay trad. cast.: *Introducción a la esencia de la mitología: el mito del niño divino y los misterios eleusinos*, Madrid, Ediciones Siruela, 2012].

Kuppens, Sofie y Eva Ceulemans, «Parenting Styles: A Closer Look at a Well-Known Concept», *Journal of Child and Family Studies*, n.º 28 (1), pp. 168-181, 2019, <https://doi.org/10.1007/s10826-018-1242-x>.

Lokko, Hermioni N. y Theodore A. Stern, «Regression: Diagnosis, Evaluation, and Management», *The Primary Care Companion for CNS Disorders*, n.º 17 (3), 2015, <https://doi.org/10.4088/PCC.14f01761>.

Mann, Dave, *Gestalt Therapy: 100 Key Points and Techniques*, Londres, Routledge Books, 2021.

Maté, Gabor y Daniel Maté, *The Myth of Normal: Trauma, Illness, and Healing in a Toxic Culture*, Londres, Penguin Random House, 2022. [Hay trad. cast.: *El mito de la normalidad: trauma, enfermedad y curación en una cultura tóxica*, Madrid, Tendencias, 2024].

Sanvictores, Terrence y Magda D. Mendez, *Types of Parenting Styles and Effects on Children*, Treasure Island, Florida, StatPearls Publishing, 2022.

Schiff, Jacqui Lee y Beth Day Romulo, *All My Children*. Nueva York, M. Evans, 1970.

Schwartz, Richard C., *No Bad Parts: Healing Trauma and Restoring Wholeness*, Londres, Penguin Random House, 2021. [Hay trad. cast.: *No hay partes malas: sanar el trauma y recobrar la plenitud*, Barcelona, Editorial Elephteria, 2021].

—, *Introduction to Internal Family Systems*. Boulder, Colorado, Sounds True, 2023. [Hay trad. cast.: *Introducción a Sistemas de la familia interna (IFS)*, Barcelona, Editorial Elephteria, 2024].

Sharman, L. S., G. A. Dingle, M. Baker, A. Fischer, A. Gračanin, I. Kardum y H. Manley *et al.*, «The Relationship of Gender Roles and Beliefs to Crying in an International Sample», *Frontiers in Psychology*, n.º 10, artículo 2288, 2019, <https://doi.org/10.3389/fpsyg.2019.02288>.

Van der Kolk, Bessel, *The Body Keeps the Score: Brain, Mind, and Body in the Healing of Trauma*, Nueva York, Penguin Books, 2015. [Hay trad. cast.: *El cuerpo lleva la cuenta: cerebro, mente y cuerpo en la superación del trauma*, Miami, Florida, Vintage Español, 2025].

Watts, J. R., N. R. Lazzareschi, Y. Liu y D. O'Sullivan, «Childhood Psychological Maltreatment, Sense of Self, and PTSD Symptoms in Emerging Adulthood», *Journal of Counseling and Development* n.º 101 (1), pp. 96-105, 2023, <https://doi.org/10.1002/jcad.12455>.

Whitfield, Charles L., *Healing the Child Within: Discovery and Recovery for Adult Children of Dysfunctional Families*, Deerfield, Florida, Health Communications, 2006. [Hay trad. cast.: *Sanar nuestro niño interior: descubrimiento y recuperación de hijos adultos en familias disfuncionales*, Barcelona, Ediciones Obelisco, 1999].

Este libro se terminó de imprimir
en el mes de septiembre de 2025.